キリンでつくる ノンアル・カクテル

ホテルニューオータニ
チーフバーテンダー
小森谷 弘[監修]
キリンビール株式会社[協力]

料理・ダンノマリコ

*P*LAYBOOKS 青春新書

はじめに

　ノンアルコール飲料というと、飲めない人や飲めないときに、「しかたなく」飲むもの、と思っていませんか？

　この本のカクテルをひとつでも試してみれば、その考えは一変するはず。「しかたなく」ではなく、「わざわざ」飲みたくなるに違いありません。

　それに、一般的なカクテル作りに必要な、特別な道具も、テクニックもいりません。
　ノンアルコール・ビールテイスト飲料「キリンフリー」に、ジュースやシロップ、ハーブ、スパイスなど、身近なものを混ぜるだけ♪
　ビールテイストの爽やかさやほろ苦さを残しながらも、一つひとつ個性を持った味わいは、きっとやみつきになりますよ。

　そのうえ、見た目もかわいかったり、優雅だったり……いやが上にも、気持ちが華やぎます。

　それもそのはず、本書のカクテルは、コンクールで数々の受賞歴がある、ホテルニューオータニ チーフバーテンダー 小森谷弘が考案したオリジナルなんです。

 はじめに

　そんな珠玉のカクテルの数々は、「一日頑張った自分へのご褒美カクテル」「休日の午後を楽しむ贅沢カクテル」「美容と健康にヘルシーカクテル」「伝統のビア・カクテルをノンアルコールで」といったパートに分けて紹介しています。
　シーンや気分に合わせて、お気に入りのカクテルを楽しんでください。

　また巻末には、「キリンビール社員のおすすめカクテル」も掲載。キリンフリーの持ち味を熟知している社員たちが、日頃楽しんでいるレシピを公開しています。

「キリンフリーでつくるノンアル・カクテル」と過ごす時間が、みなさんにとって素敵なひとときとなりますように。

※リンフリーでつくるノンアル・カクテル

menu

一日頑張った自分へのご褒美カクテル

 フリー・ロワイヤル
……12

 ライク・ア・シードル
……14

 フリー・メリー
……16

 グレープ・シャンディ
……18

 フリー・スプリッツァ
……20

 プリティ・プリティ・ウーマン　……22

 フリーズ・パパイヤ
……24

 ゆずフリー
……26

 梅酒フリー
……28

 ベリー・ベリー・フリー
……30

 クランベリー・フリー
……32

 フリー・チェリー
……34

 フリー・ホーセズ・ネック　……36

 マルド・フリー
……38

 グリュービア・フリー
……40

 クリスマス・ワッセル・ボウル　……42

 menu

休日の午後を楽しむ贅沢カクテル

 ミモザ・フリースタイル ……46

 ピニャ・フリーニ ……58

 アップル・パナシェ ……48

 コーラ・フリー ……60

 グレープ・パナシェ ……50

 ハイジ ……62

 パナシェ・フリーズ ……52

 フリー・ウイリアムテル ……64

 フリーニ ……54

 フリー・オン・ザ・ロックス ……66

 トロピカル・フリーニ ……56

 フリー・パンチ ……68

美容と健康にヘルシーカクテル

 フリ・ベジ ……72

 ホワイト・ビアグルト ……76

 トマト・ヴァージン・パナシェ ……74

 リセット・フリー ……78

サンライズ・フリー
　　……80

 ホット・アップル・ジンジャーエール
　　……82

伝統のビア・カクテルをノンアルコールで

 ピュア・シャンディ・
ガフ ……86

 ミントフリー
　　……92

 ヴァージン・パナシェ
　　……88

 ノン・ストーン・ヘッド
　　……94

 フリー・レッド・アイ
　　……90

 フリップ・フリー
　　……96

キリンビール社員のおすすめカクテル

 フリーレモン
　　……100

 ソルティライチ・フリー
　　……106

 フリーライム
　　……102

 フローズンフルーツ・
フリー　……108

 フルーツブレンド・フリー
　　……104

 ゼロハイレモン・フリー
　　……110

 menu

 ゼロハイグレープフルーツ・フリー
……112

 ゼロハイライム・フリー
……114

 黒酢ハニーフリー
……124

 ゼロハイウメ・フリー
……116

 オレンジシャーベット・フリー ……126

 グレープフルーツ・ミント・フリー
……118

 シークワーサー・フリー
……120

 グレープシャーベット・フリー ……128

 りんご酢ハニーフリー
……122

 アップルシャーベット・フリー ……130

(バーテンダー直伝！デコレーション・テクニック)

 ホーセズ・ネック・スタイル ……44

 ループ・スタイル
……98

 ペンギン・スタイル
……70

 三日月スタイル
……98

 スティックリボン・スタイル ……84

 ハーフムーン・スタイル
……98

dish to go with

たいのカルパッチョ　……13
プチガレット　……15
白身魚のピンチョス　……17
ミニローストビーフ　……19
マッシュルームのオイル焼き　……21
グレープフルーツのヨーグルトサラダ　……23
きゅうりの浅漬けミント風味　……25
さといもとみそのカナッペ　……27
大根とレモンの浅漬け　……29
生ハムモッツァレラ巻き　……31
えびのガーリックバターソース　……33
牛肉のフリー煮込み　……35
オリーブとクリームチーズのプチサンド　……37
りんごとラズベリーのパイ風　……39
ミニトマトとサラミのチーズ焼き　……41
鶏手羽のオレンジ風味焼き　……43
卵とブロッコリーのプチサンド　……47
豚肉のアップルジンジャーソース　……49
オムレツのゴルゴンゾーラソース　……51
ホワイトチョコレートスティック　……53
たことセロリのマリネ　……55
タンドリーチキン風　……57
カリフラワーとパプリカのはちみつレモンマリネ　……59
アボカドのフライ　……61
じゃがいものおやき　……63
チーズバゲット　……65
ソーセージのハーブ焼き　……67
にんじんとりんごのディップ　……69

 menu

ミックスビーンズの塩炒め ……73
サラダ菜と卵のサラダ ……75
いちじくのグレープジュース煮 ……77
黒オリーブとサワークリームのカナッペ ……79
アスパラとベーコンのビネガー炒め ……81
プレッツェル ……83
フライドポテトのビネガー風味 ……87
サーモンのパン粉焼き ……89
オイルサーディンのカナッペ ……91
カカオのアイスラスク ……93
ミニトマトのミニミートローフ ……95
アーモンドとにんじんのサラダ ……97
焼き塩豚といんげん ……101
サルサ風 ……103
揚げ春巻き ……105
パイナップルとミントのアイスバー ……107
カシューナッツのはちみつ漬け ……109
あじのたたきなめろう風 ……111
ねぎだれつくね ……113
焼きなすのしらすおろし ……115
オクラの梅酢がけ ……117
さつまいもチップス ……119
ゴーヤーのおかか和え ……121
きのこのオイスターソース炒め ……123
ピータン豆腐 ……125
あんずチーズディップ ……127
ささみのハム風 ……129
あさりの蒸し焼き ……131

ノンアル・カクテルを作る前に

材料

* グラスは 300 ～ 360㎖のものを使用しています。
* 「キリンフリー…1/3」という表記は、使用するグラスに対して 3 分の 1 の量を、「1 グラス分」という表記はグラス 1 杯分の量を示しています。
* 大さじ 1 は 15㎖、小さじ 1 は 5㎖です。

作り方

ほとんどのカクテルは、最初にキリンフリーを注いでから、割り材等の他の材料を加えていきます。そうすることで、材料が全体に混ざりやすくなります。

dish to go with

* それぞれのカクテルのおいしさを引き立てる小皿料理を紹介しています。
* 1 カップは 200㎖、大さじ 1 は 15㎖、小さじ 1 は 5㎖です。

一日頑張った自分への
ご褒美カクテル

■ ■ ■ ■ ■

仕事がどんなに忙しくたって、
会社でイヤなことがあったって、
おいしいカクテルは
いつもあなたの味方です。

一日頑張った自分へのご褒美カクテル

フリー・ロワイヤル

食前酒の代名詞「キール・ロワイヤル」。ベースのワインをキリンフリーにかえて、軽やかに仕上げました。

材料

キリンフリー …1グラス分
カシスシロップ …小さじ2
ミントの葉 …1枝

作り方

キリンフリーをグラスに注ぎ、カシスシロップを加えて軽くかき混ぜる。ミントの葉を飾る。

---

dish to go with

たいのカルパッチョ

① たいの刺身5切れは、ラップにはさみ瓶の側面などで軽くたたいて薄くのばし、皿に盛りつける。
② スプラウト1/4パック、レモン汁少々、オリーブ油少々、塩、こしょうをさっと混ぜ合わせ、刺身の上に盛る。
③ 彩りにパプリカの角切りを散らす。

一日頑張った自分へのご褒美カクテル

ライク・ア・シードル

「シードル」は、発泡性のりんご酒。キリンフリーとアップルジュースで、まるでシードルのような味わいに。

材料

キリンフリー …2/3
アップルジュース
(クリアタイプ) …1/3
りんご …1切れ

作り方

キリンフリーをグラスに2/3注ぎ、アップルジュースを満たして軽くかき混ぜる。りんごを飾る。

dish to go with

プチガレット

① そば粉50g、水1/4カップ、焦がしバター10g、塩少々を混ぜ合わせる(4枚分の分量)。
② フライパンに薄く油を塗り、①の生地を直径15cmほどになるよう、丸く流し入れる。
③ ②にブリーチーズ1切れ、ハム1/4枚をのせて生地を四方から内側に向かって折りたたみ、中央にうずらの卵を割り入れる。白身に火が通ったらできあがり。

一日頑張った自分への ご褒美 カクテル

フリー・メリー

ビールテイストに、ぶどうの香りをプラスして、より爽やかに。シャンメリーは、ノンアルコールのスパークリングワインのようなもの。

材料

キリンフリー …1/2
シャンメリー …1/2

作り方

キリンフリーをグラスに半分注ぎ、シャンメリーを満たして軽くかき混ぜる。

dish to go with

白身魚のピンチョス

① かじきまぐろ1切れは、6等分して塩こしょうする。ズッキーニは1cm厚さの輪切りを6枚用意する。かじきまぐろとズッキーニを串に刺す。
② フライパンにオリーブ油少々を熱し、①の両面をこんがりと焼き、フタをして1分ほど蒸し焼きにする。お好みでレモンを添える。

一日頑張った自分へのご褒美カクテル

グレープ・シャンディ

「シャンディ・ガフ」というカクテルのノンアル・バージョンに、ぶどうのテイストを加え、色合いもシックに仕上げました。

材料

キリンフリー …1/3
グレープジュース
（果汁100%）…1/3
ジンジャーエール …1/3
ぶどう …2粒

作り方

キリンフリーをグラスに1/3注ぎ、グレープジュース、ジンジャーエールを注いで軽くかき混ぜる。ぶどうを飾る。

dish to go with

ミニローストビーフ

① 牛ステーキ肉100gは塩こしょうして、室温に30分ほどおく。
② サラダ油を薄くひいたフライパンを強火で熱し、①のすべての面に焼き目をつける。フタをしてごく弱火にして3分焼く。
③ アルミホイルに包んでから布巾などでくるみ30分ほどおく。薄切り（肉が薄い場合はそぎ切り）にして、サワークリーム少々とクレソンを巻く。

一日頑張った自分への ご褒美カクテル

フリー・スプリッツァ

スプリッツァとは、ドイツ語ではじけるという意味。マスカットの上品な香りと、柑橘系の爽やかな香りがはじけるカクテルです。

材料

キリンフリー …2/5
マスカットジュース
（果汁100%）…2/5
キリンレモン …1/5
レモンの皮 …1切れ

作り方

キリンフリーをグラスに2/5注ぎ、マスカットジュース、キリンレモンを注いで軽くかき混ぜる。レモンの皮を加える。

dish to go with

マッシュルームのオイル焼き

①オリーブ油大さじ2、おろしにんにく少々、アンチョビペースト小さじ1/2を混ぜ合わせる。
②マッシュルーム1パックは軸が上になるよう耐熱容器に並べ、①をかける。
③オーブントースターで15分ほど焼く。

一日頑張った自分へのご褒美カクテル

プリティ・プリティ・ウーマン

シャンパーニュといちごのカクテルとして有名な「プリティ・ウーマン」。もっともっとかわいい女性のために、こんなカクテルはいかがですか。

材料

キリンフリー …1グラス分
いちご …5コ
飾り用のいちご …1コ

作り方

いちご5コはミキサーやブレンダーで撹拌（かくはん）する。キリンフリーをグラスに注ぎ、撹拌したいちごを加えて軽くかき混ぜる。飾り用のいちごを添える。

---

dish to go with
グレープフルーツのヨーグルトサラダ

①ザルにキッチンペーパーを敷き、ヨーグルトを入れて30分以上水きりする。
②ピンクグレープフルーツ1/2コ分の皮をむき、①と合わせ盛りつける。お好みではちみつをかける。

一日頑張った自分へのご褒美カクテル

フリーズ・パパイヤ

南国フルーツの代表格のパパイヤと、キリンフリーを合わせたシャーベット・カクテル。大人のかき氷といった感じですね。

材料

キリンフリー …1/2
パパイヤ …1/2 コ
レモン汁 …小さじ 1

作り方

パパイヤは皮をむいて種を取り除き、ミキサーやブレンダーで撹拌する。撹拌したパパイヤ、キリンフリー、レモン汁をグラスに入れて混ぜ合わせ、冷凍庫で凍らせる。食べるときは常温におき、少しやわらかくなったらスプーンなどで全体をくだく。

dish to go with

きゅうりの浅漬けミント風味

①きゅうり 2 本は皮をピーラーでむき、大きめに切る。
②きゅうりと塩小さじ 1/2 弱を合わせてひと晩おく。
③食べる直前にミントの葉を合わせる。

一日頑張った自分へのご褒美カクテル

ゆずフリー

ゆずの香りには、なんだかホッとさせられます。はちみつの優しい甘みも添えて、リラックスタイムを楽しみましょう。

材料

キリンフリー …1グラス分
ゆずジュース
（果汁100%）…小さじ4
はちみつ …小さじ2

作り方

キリンフリーをグラスに注ぎ、ゆずジュース、はちみつを加えて軽くかき混ぜる。

---

dish to go with

さといもとみそのカナッペ

① さといも2コは600Wの電子レンジで3分半～4分加熱し、皮を取り除いてつぶす。
② ①に、はちみつ小さじ1、みそ小さじ2を混ぜ合わせる。
③ 油揚げはオーブントースターで両面をカリカリに焼き、②を塗って万能ねぎの小口切りをのせる。

一日頑張った自分への ご褒美 カクテル

梅酒フリー

心と体から、スーと力が抜けていく —— そんな、甘酸っぱいカクテルです。

材料

キリンフリー …2/3
ノンアルコール梅酒 …1/3
梅酒の実 …1コ

＊梅酒の実にはアルコール分が含まれています。お酒に弱い方、飲めない方、飲んではいけない方は、ご注意ください。

作り方

グラスに梅酒の実を入れる。キリンフリーをグラスに2/3注ぎ、ノンアルコール梅酒を満たして軽くかき混ぜる。

dish to go with
大根とレモンの浅漬け

①大根100gは薄めのいちょう切り、青じそ2枚は手でちぎる。レモンの皮少々はせん切りにする。
②ボウルに①と塩ふたつまみを合わせ、30分ほどおく。
③大根がしんなりしたら串に刺す。

一日頑張った自分へのご褒美カクテル

ベリー・ベリー・フリー

女性が大好きなベリーを、ふんだんに使ったカクテル。かわいい色とおいしさでベリーマッチ！

材料

キリンフリー …2/3
ブルーベリージュース
　…1/3
いちごのピューレ
　…小さじ3
ぶどう …1粒

＊いちごのピューレは、製菓材料店などで手に入る。手に入らない場合は甘みの少ないいちごジャムや、生のいちごをつぶして代用してもOK。

作り方

キリンフリーをグラスに2/3注ぎ、ブルーベリージュース、いちごのピューレを加えて軽くかき混ぜる。ぶどうを飾る。

---

dish to go with

生ハムモッツァレラ巻き

①モッツァレラは棒状に切り、生ハムで巻く。
②バルサミコを半量まで煮詰め、①にかける。ミニトマトを飾る。

一日頑張った自分へのご褒美カクテル

クランベリー・フリー

小粒で真っ赤な果実のクランベリーのドリンクは、ポリフェノールがたっぷり。甘酸っぱい味わいも、なんだか体に良さそうです。

材料

キリンフリー …2/3
クランベリードリンク
（クリアタイプ）…1/3

作り方

キリンフリーをグラスに2/3注ぎ、クランベリードリンクを満たして軽くかき混ぜる。

dish to go with

えびのガーリックバターソース

①バター10gとにんにく1/3片のみじん切りを火にかけ、バターが溶けて沸騰してきたら火を止める。
②えび5尾は殻つきのまま背に切り込みを入れて背ワタを取り除き、塩をふる。
③えびをグリルで焼き、火が通ったら①のガーリックバターをつけて食べる。

一日頑張った自分への ご褒美 カクテル

フリー・チェリー

ベルギーには、ビールにチェリーを加えて発酵させたフルーツ・ビールがあります。そんなビールをイメージした、フルーティーなカクテルです。

材料

キリンフリー …2/3
チェリードリンク …1/3
枝つきチェリー …1 コ

作り方

キリンフリーをグラスに 2/3 注ぎ、チェリードリンクを満たして軽くかき混ぜる。枝つきチェリーを飾る。

dish to go with

牛肉のフリー煮込み

①牛切り落とし肉 100ｇは強めに塩こしょうする。玉ねぎ 1/8 コは細切りにする。
②フライパンにサラダ油少々を中火で熱し、①の牛肉を炒める。玉ねぎを加えさっと炒め、キリンフリー 1/2 カップを注ぐ。
③沸騰したらアクを取って 5 分ほど煮込み、生クリーム 1/2 カップを加えて煮詰める。

一日頑張った自分への ご褒美カクテル

フリー・ホーセズ・ネック

「ホーセズ・ネック」とは、レモンの皮を馬の首に見立てたカクテル。昔の欧米で、秋祭りの主役であった馬へのオマージュだそうです。ここではキリンフリーで爽やかに仕上げました。

材料

キリンフリー …1/2
ジンジャーエール …1/2
レモンの皮 …1 コ分
氷 …適量

作り方

レモンの皮を螺旋状にむき、グラスのふちにかけて内側にたらす（44 ページ参照）。氷を入れて、キリンフリーをグラスに半分注ぎ、ジンジャーエールを満たして軽くかき混ぜる。

dish to go with
オリーブとクリームチーズのプチサンド

①グリーンオリーブ 10 粒は細かく刻み、クリームチーズ 50 g、ドライバジル適量と混ぜ合わせる。
②ベーグルをスライスして、オーブントースターでカリッとするまで焼き、①をはさむ。

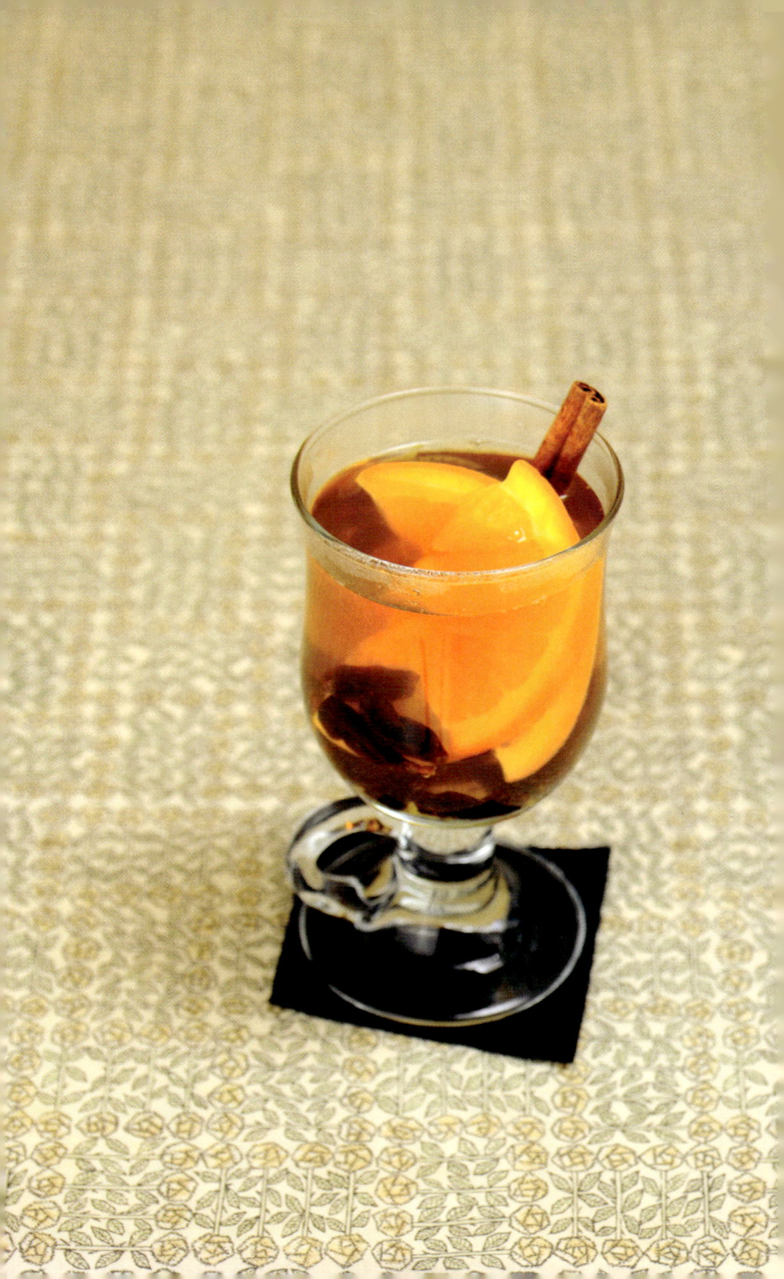

一日頑張った自分への ご褒美カクテル

マルド・フリー

北欧で飲まれている温かいビア・カクテル「マルド・ビアー」をキリンフリーで。寒い冬の夜、体の芯から温まります。

材料

キリンフリー …1 グラス分
はちみつ …小さじ 1
ラズベリーシロップ
　…小さじ 1
レーズン …10 粒
シナモンスティック …1 本
オレンジの輪切り …1 切れ

作り方

オレンジの輪切りは半分に切る。耐熱容器にすべての材料を混ぜ合わせ、600W の電子レンジで 2 分 30 秒ほど温める。

dish to go with

りんごとラズベリーのパイ風

① パイシート 1/2 枚はのばさずに適当な大きさに切って天板に並べ、溶き卵を薄く塗って 200 度のオーブンで 15 〜 20 分ほど焼く。
② りんご 1/2 コは 1cm角に切り、ラズベリージャム大さじ 2、レモン汁 1/2 コ分と合わせて 10 分ほどおく。
③ ②を弱火にかけ、10 分ほど煮たら火を強めて煮詰める。①のパイを横半分にカットし、はさんで食べる。

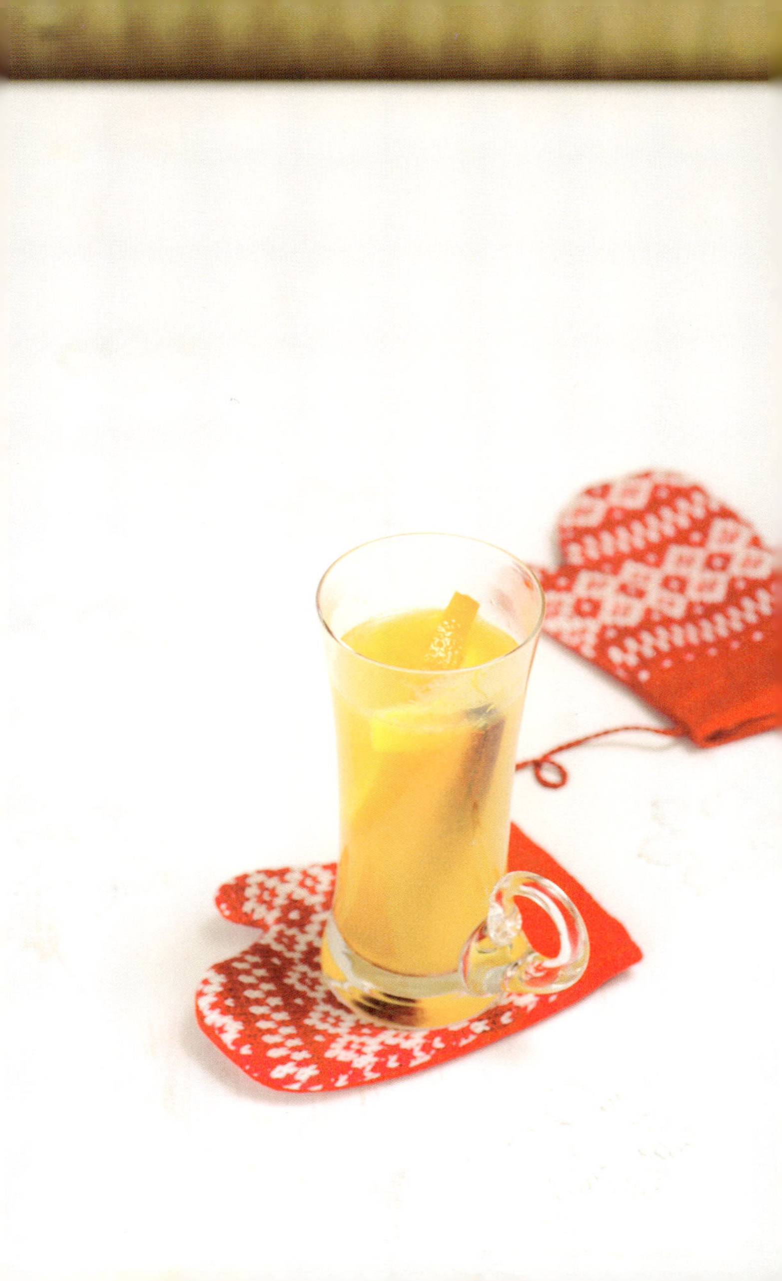

一日頑張った自分への ご褒美カクテル

グリュービア・フリー

ドイツのクリスマスに欠かせないものといえば、温かい「グリューワイン」。赤ワインをキリンフリーにかえて、ビア・テイストに仕上げました。

材料

キリンフリー …1グラス分
オレンジジュース
　…大さじ4
砂糖 …小さじ2
シナモンスティック …1本
クローブ …3コ
オレンジの輪切り …1切れ
レモンの皮 …1切れ

作り方

耐熱容器にすべての材料を混ぜ合わせ、600Wの電子レンジで2分30秒ほど温める。

---

dish to go with

ミニトマトとサラミのチーズ焼き

①アルミホイルを2重に重ねて器を作り、ミニトマト6コを並べ入れる。
②おつまみ用サラミ4枚は細切りにし、パルメザンチーズ大さじ1、生クリーム大さじ1と合わせて①のトマトにかける。
③オーブントースターで10〜15分ほど焼く。

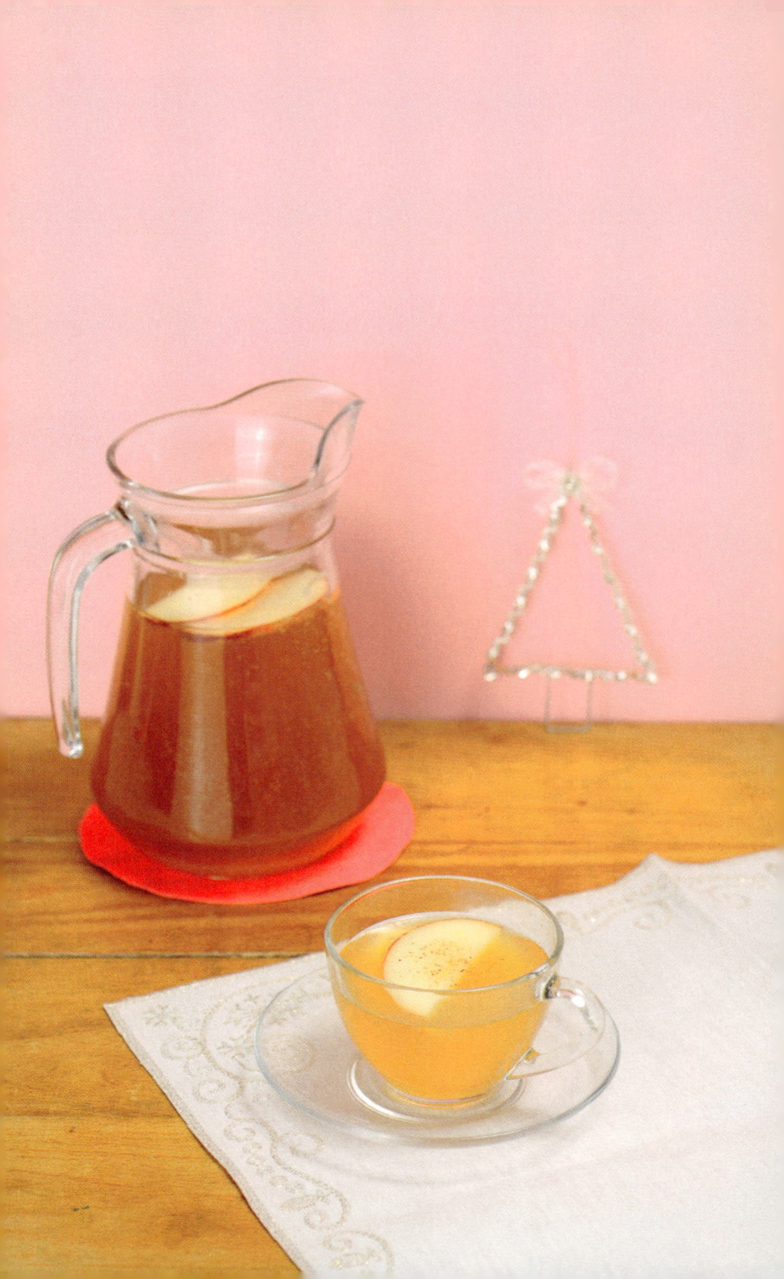

一日頑張った自分への ご褒美カクテル

クリスマス・ワッセル・ボウル

ワッセルとは、健康を祝福する乾杯のこと。古代イングランドの習慣で、皆で取り分けていただきます。クリスマス時期にたわわと実るりんごを祝福する伝統から、アップルジュースを加えました。

材料 (10人前)

キリンフリー …1000㎖
アップルジュース
（果汁100%）…200㎖
クリームシェリー
　…60㎖
砂糖 …小さじ5
ナツメグ …少々
りんごのスライス …1/2コ分

作り方

耐熱容器にすべての材料を混ぜ合わせ、600Wの電子レンジで10分ほど加熱する。しっかり沸騰させて、クリームシェリーのアルコール分を飛ばす。トッピングにナツメグ（分量外）をふりかける。

dish to go with

鶏手羽のオレンジ風味焼き

①フライパンにサラダ油少々を中火で熱し、軽く塩こしょうした鶏手羽中8本を皮にカリッと焦げ目がつくまで焼く。
②オレンジジュース1/2カップ、しょうゆ大さじ1を加えて強火にし、煮詰めながら鶏肉にからめる。

バーテンダー直伝！デコレーション・テクニック

ホーセズ・ネック・スタイル

① レモンやライムに、ヘタの反対側から包丁を入れていく。

② レモンの皮を厚めに螺旋状にむいていく。

③ 皮の内側の白い部分をそぎ取る。

④ 皮の両端を切り取って、きれいに整える。

休日の午後を楽しむ
贅沢カクテル

テラスで一人のんびりと、
気の合う仲間とパーティーで ──
ノンアルコールだから、
昼間から気兼ねなく楽しめます！

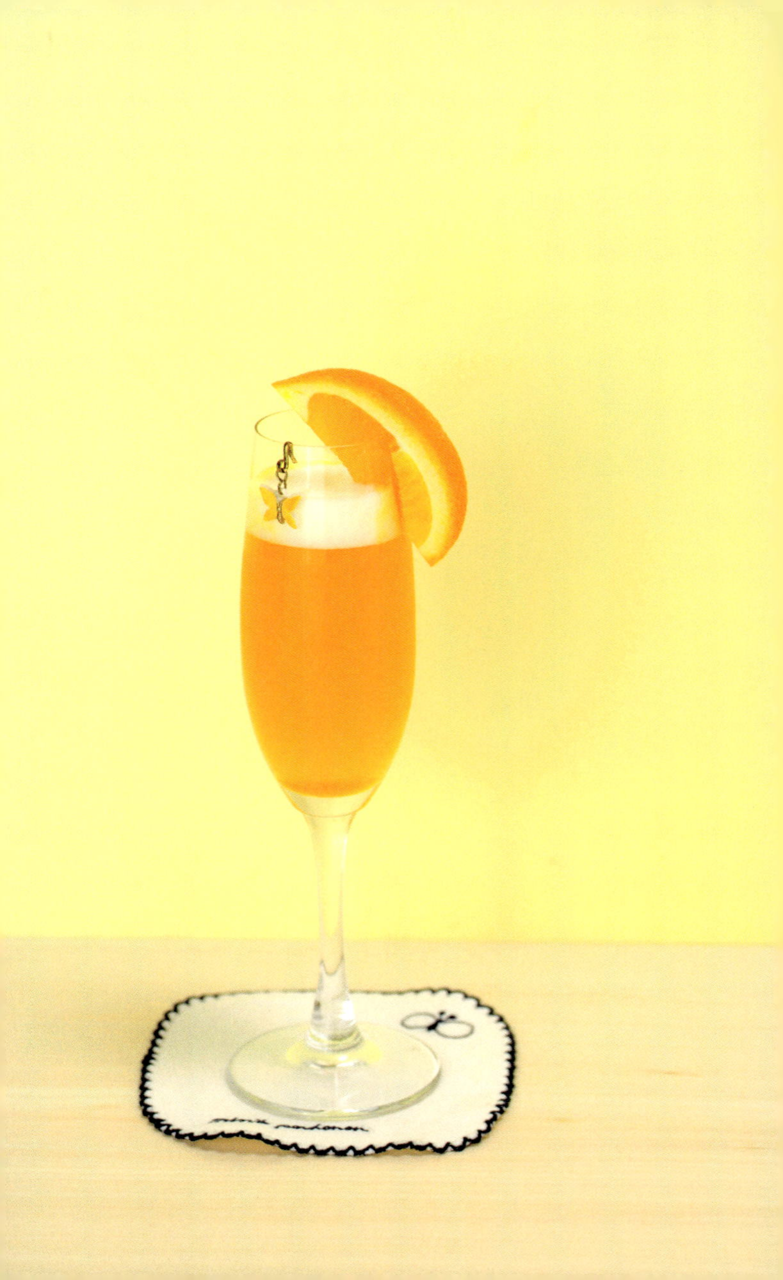

休日の午後を楽しむ贅沢カクテル

ミモザ・フリースタイル

シャンパーニュとオレンジジュースで作る「ミモザ」をアレンジ。はちみつを加えて、日なたのようなカクテルに仕上げました。

材料

キリンフリー …2/3
オレンジジュース
（果汁 100%）…1/3
はちみつ …小さじ 1
オレンジ …1 切れ

作り方

キリンフリーをグラスに 2/3 注ぎ、オレンジジュース、はちみつを加えて軽くかき混ぜる。オレンジを飾る。

---

dish to go with

卵とブロッコリーのプチサンド

①ゆで卵 1 コとゆでて水気をきったブロッコリー 3 房は細かく刻む。
②①、ヨーグルト大さじ 1、マヨネーズ大さじ 2、アンチョビペースト小さじ 1/2 を混ぜ合わせ、塩こしょうで味を調える（バゲット 5 〜 6 コの分量）。
③②をくり抜いたバゲットに詰める。

休日の午後を楽しむ贅沢カクテル

アップル・パナシェ

「パナシェ」は本来、ビールとレモネードで作るカクテル。レモネードのかわりに、香り高いアップルタイザーを合わせてみました。

材料

キリンフリー …1/2
アップルタイザー …1/2
りんご …1切れ

作り方

キリンフリーをグラスに半分注ぎ、アップルタイザーを満たして軽くかき混ぜる。りんごを飾る。

---

dish to go with

豚肉のアップルジンジャーソース

①豚もも肉100gはひと口大のそぎ切りにし、強めに塩こしょうして小麦粉を薄くまぶす。りんご1/4コ、しょうが1/2片はすりおろす。
②フライパンにサラダ油少々を熱して豚肉を焼き、火が通ったら皿に盛りつける。
③②のフライパンにりんごとしょうがを入れて1〜2分煮て、豚肉にかける。

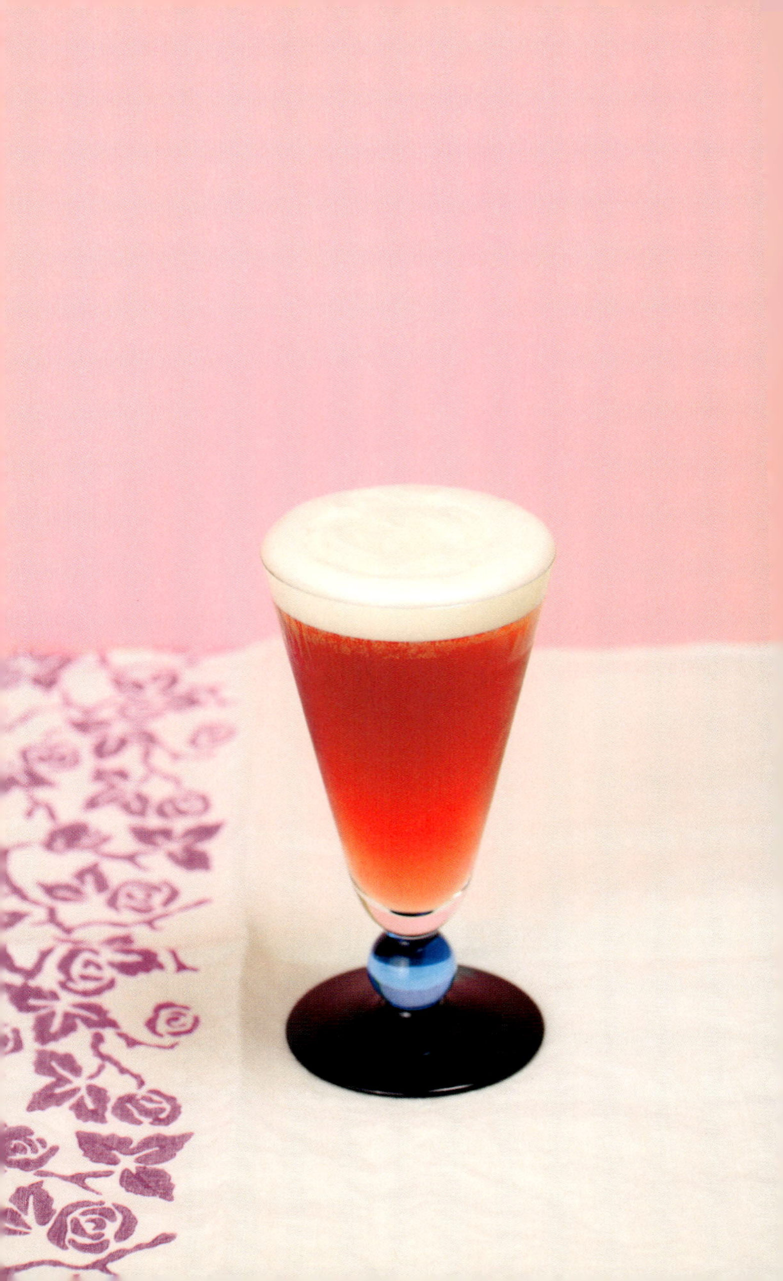

休日の午後を楽しむ贅沢カクテル

グレープ・パナシェ

「アップル・パナシェ」のアップルタイザーを、グレープタイザーにかえて。こちらはサンセットが似合うしっとりとした色合いのカクテルです。

材料

キリンフリー …1/2
グレープタイザー …1/2

作り方

キリンフリーをグラスに半分注ぎ、グレープタイザーを満たして軽くかき混ぜる。

dish to go with
オムレツのゴルゴンゾーラソース

①卵1コ、牛乳大さじ1、塩こしょう少々をよく混ぜ合わせる。
②ゴルゴンゾーラ20gは電子レンジで温めて牛乳適量でソース状にのばし、万能ねぎの小口切りを混ぜる。
③フライパンにバター5gを熱してオムレツを焼き、②のソースをかける。

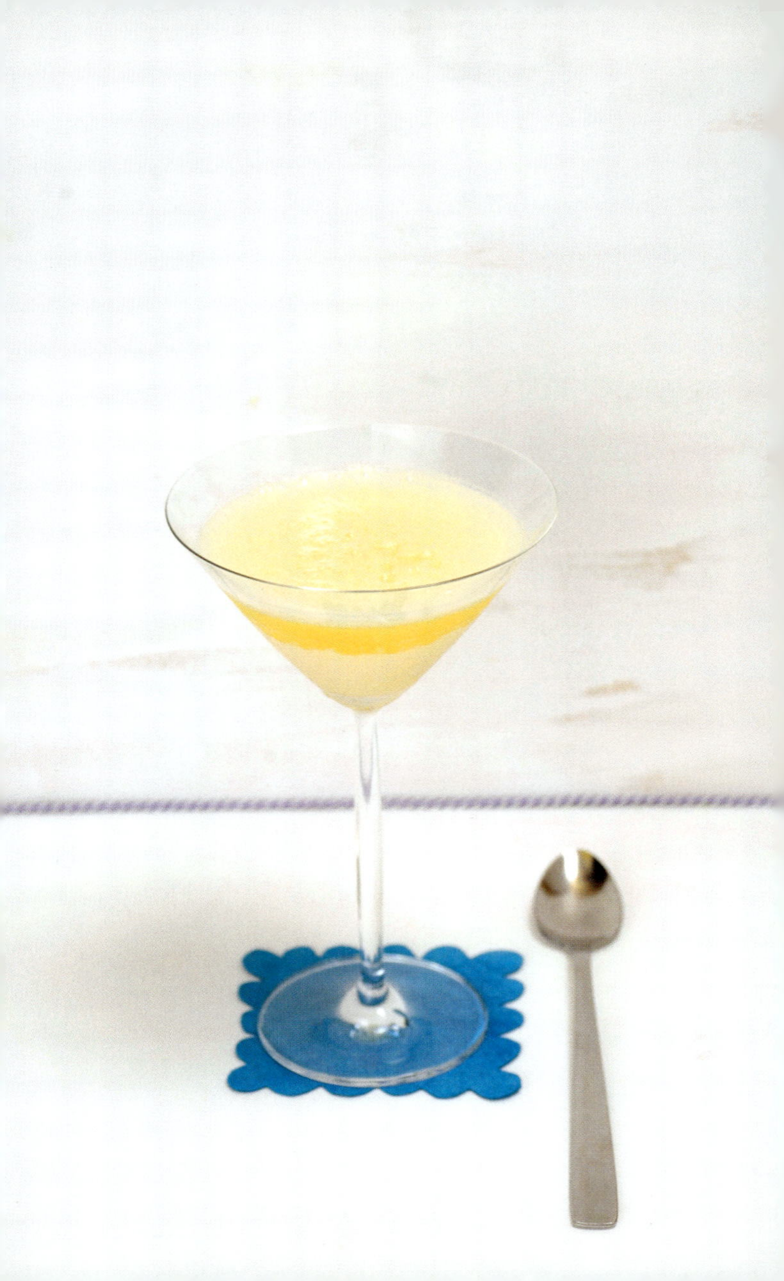

休日の午後を楽しむ贅沢カクテル

パナシェ・フリーズ

キリンフリーベースの「パナシェ」を、シャーベットに。大人の夏のお楽しみです。

材料

キリンフリー …1/2
キリンレモン …1/2
レモン汁 …大さじ2
はちみつ …大さじ1

作り方

グラスにすべての材料を混ぜ合わせ、冷凍庫で凍らせる。食べるときは常温におき、少しやわらかくなったらスプーンなどで食べる。

---

dish to go with

ホワイトチョコレートスティック

①ホワイトチョコレート40gは、600Wの電子レンジで1分加熱し、よく混ぜ溶かす。
②春巻きの皮を広げ、①のチョコレートをスプーンで縦のストライプ状に3列塗り、手前から巻く。3本作る。
③150度のオーブンで15分焼く。オーブントースターで焼く場合は、アルミホイルをかけて様子を見ながら焼く。

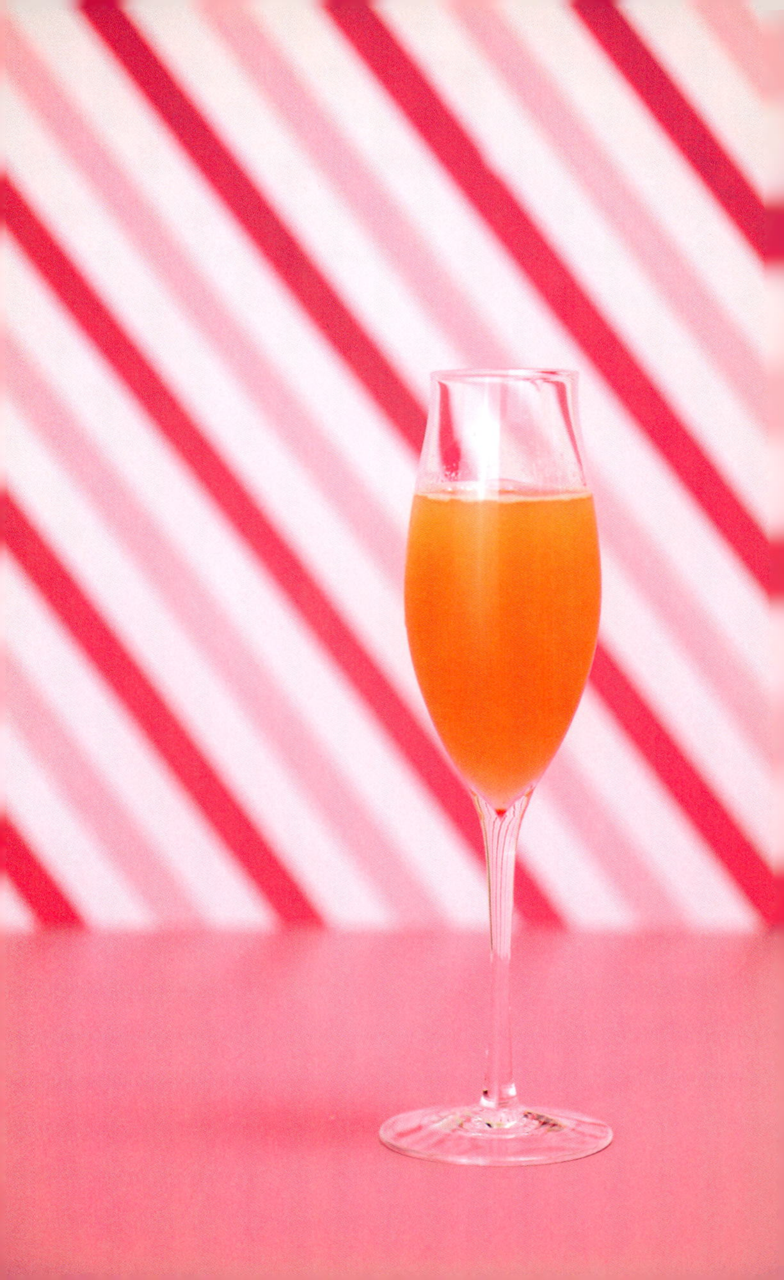

休日の午後を楽しむ贅沢カクテル

フリーニ

ヴェネツィアの有名なバーで生まれたカクテル「ベリーニ」。ベースのシャンパーニュをキリンフリーにかえてみました。

材料

キリンフリー …2/3
ピーチネクター …1/3
グレナデンシロップ
　…小さじ1

作り方

キリンフリーをグラスに2/3注ぎ、ピーチネクター、グレナデンシロップを加えて軽くかき混ぜる。

dish to go with

たことセロリのマリネ

①酢大さじ1、オリーブ油大さじ1、玉ねぎのすりおろし大さじ2、マスタード少々、塩こしょう各少々を混ぜ合わせる。
②ゆでだこ30g、パプリカ1/2コ、セロリ1/4本はそれぞれひと口大に切り、①に30分〜ひと晩ほど漬ける。

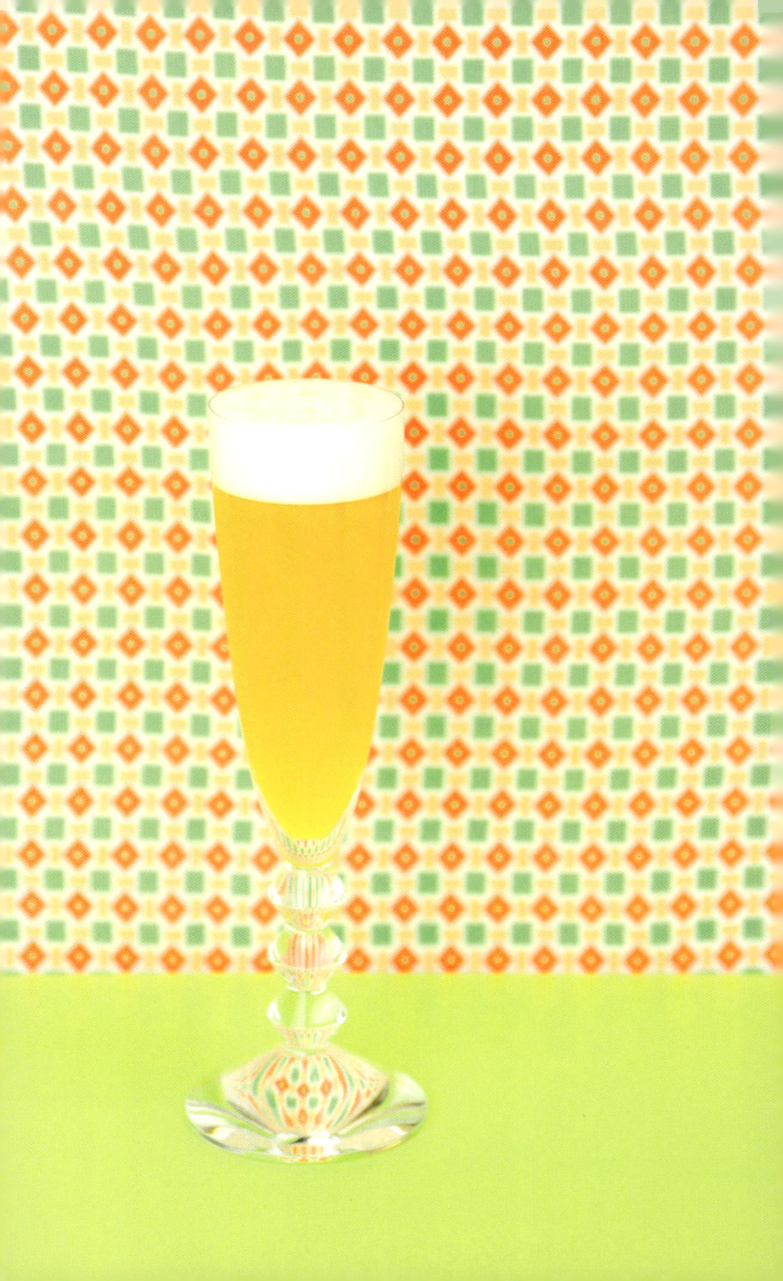

休日の午後を楽しむ贅沢カクテル

トロピカル・フリーニ

トロピカルフルーツの女王、マンゴーのジュースで作る夏向きのカクテルです。

材料

キリンフリー …2/3
トロピカーナ ホームメイド スタイル マンゴーブレンド …1/3

作り方

キリンフリーをグラスに2/3注ぎ、トロピカーナ ホームメイドスタイル マンゴーブレンドを満たして軽くかき混ぜる。

dish to go with

タンドリーチキン風

①鶏肉1/2枚は半分に切り、玉ねぎのすりおろし大さじ1、にんにくのすりおろし少々、ヨーグルト大さじ1、マンゴージュース大さじ1をもみ込んで30分以上おく。
②①をアルミホイルにのせて、グリルの弱火で15分ほど焼く。ひと口大に切って盛りつけ、きゅうりとトマトを添える。

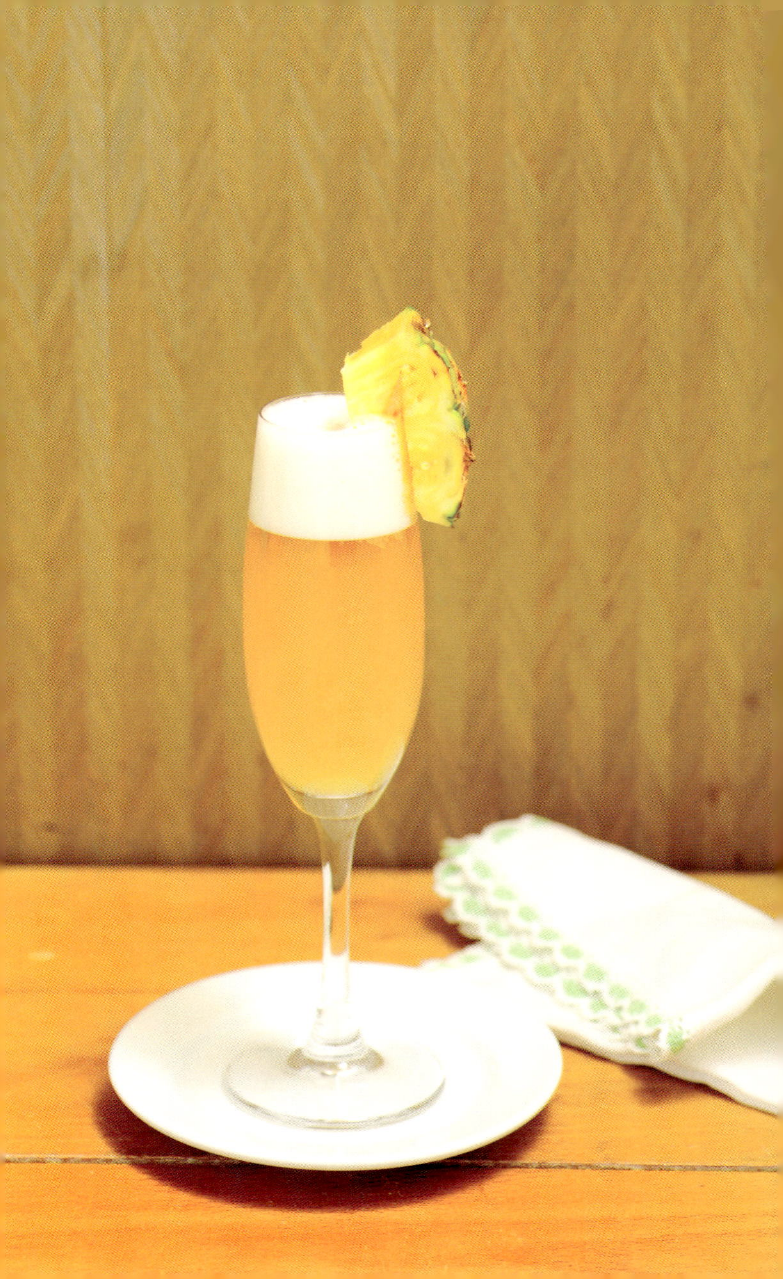

休日の午後を楽しむ贅沢カクテル

ピニャ・フリーニ

パイナップルジュースで作る「ピニャ・コラーダ」というトロピカルカクテルがあります。キリンフリーでアレンジしたこのカクテルは、プールサイドが似合います。

材料

キリンフリー …2/3
パイナップルジュース
（果汁100%）…1/3
パイナップル …1切れ

作り方

キリンフリーをグラスに2/3注ぎ、パイナップルジュースを満たして軽くかき混ぜる。パイナップルを飾る。

---

dish to go with

カリフラワーとパプリカのはちみつレモンマリネ

①カリフラワーは小さめの房に分け、さっとゆでる。パプリカ1/2コ分は棒状に切る。
②保存袋などに①、はちみつ大さじ1、レモン汁大さじ1を合わせ、外側から手でもむように混ぜて、30分ほど漬ける。

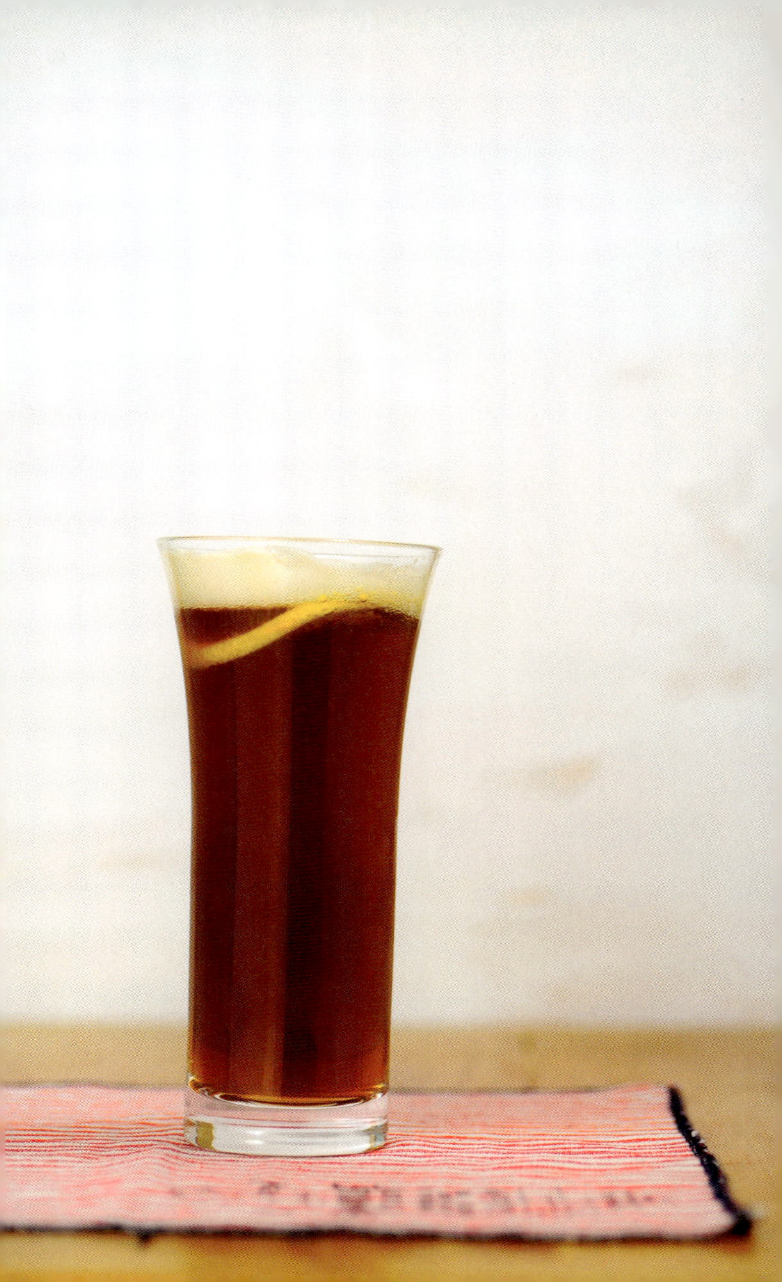

休日の午後を楽しむ贅沢カクテル

コーラ・フリー

ビールテイストにコーラ味？　意外な組み合わせかもしれませんが、コレ、とっても合うんです。

材料

キリンフリー …1/2
コーラ …1/2
レモンの輪切り …1 切れ

作り方

キリンフリーをグラスに半分注ぎ、コーラを満たして軽くかき混ぜる。レモンの輪切りを浮かべる。

dish to go with

アボカドのフライ

①マヨネーズ大さじ 1、レモン小さじ 1 を合わせ、好みでチリパウダーをふる。
②アボカド 1/2 コは 2〜3cm角に切って片栗粉をまぶし、180 度の揚げ油で揚げる。①のソースをつけながら食べる。

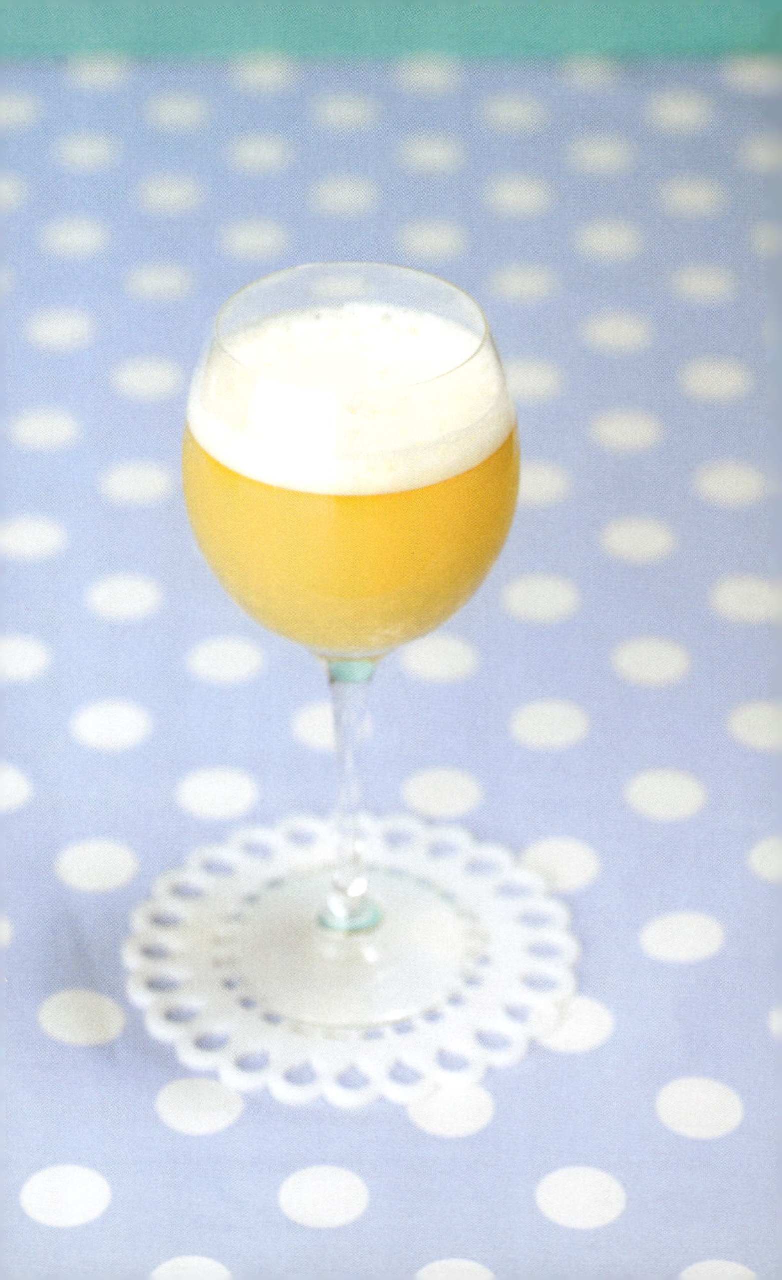

休日の午後を楽しむ贅沢カクテル

ハイジ

アルプスと聞くとあの子を思い浮かべるほど、日本人に人気のある主人公。キリンフリーにカルピスを合わせて、彼女の名を冠しました。

材料

キリンフリー …1グラス分
カルピス …大さじ1

作り方

キリンフリーをグラスに注ぎ、カルピスを加えて軽くかき混ぜる。

---

dish to go with

じゃがいものおやき

① じゃがいも1コは細切りにして水にさらし、水気をきる。ベーコンは細切りにする。じゃがいもとベーコンを合わせる。
② フライパンにオリーブ油大さじ1を熱して①を平らに入れ、途中油を足しながら、弱めの中火で揚げ焼きする。
③ 両面がカリカリになったら切り分け、こしょうをふる。

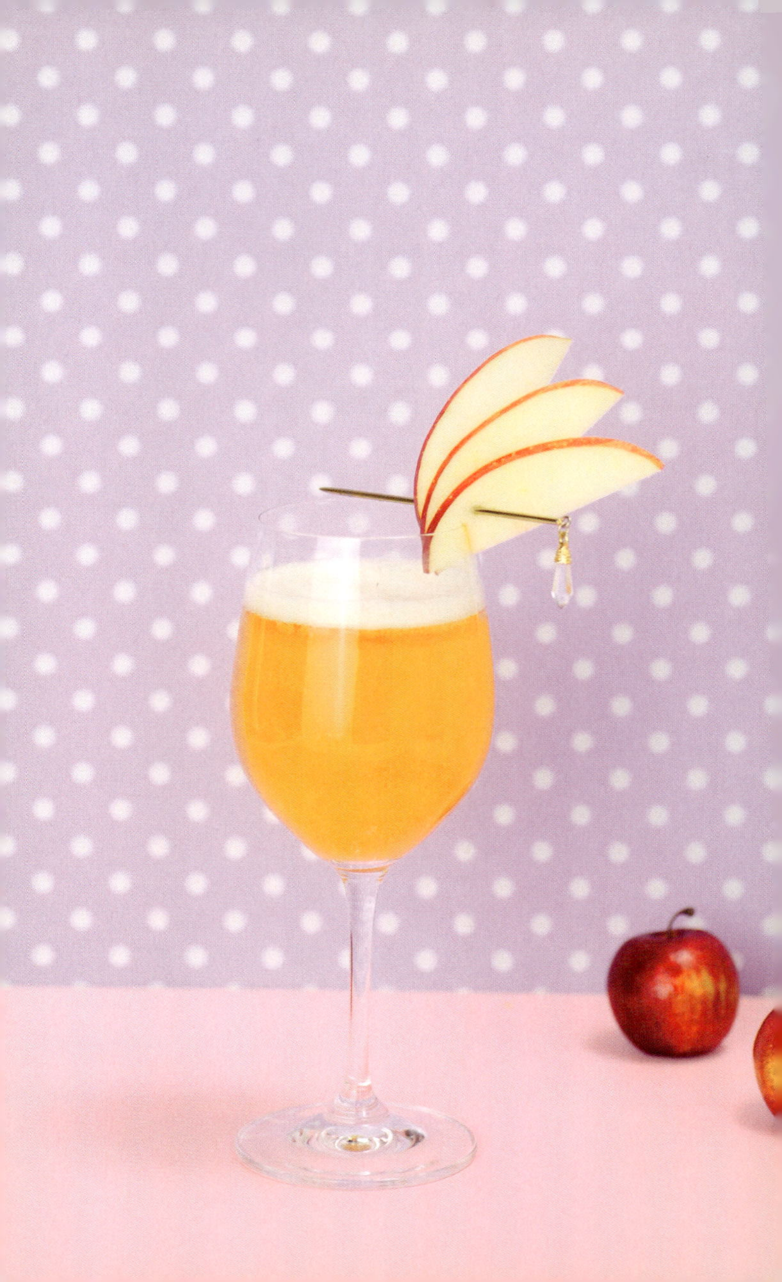

休日の午後を楽しむ贅沢カクテル

フリー・ウイリアムテル

ウイリアムテルが、りんごを矢で射抜くように、アップルジュースをキリンフリーでスパッと割りました。

材料

キリンフリー …2/3
アップルジュース
（果汁100%）…1/3
りんごのスライス …3切れ

作り方

キリンフリーをグラスに2/3注ぎ、アップルジュースを満たして軽くかき混ぜる。りんごのスライスにピックを刺して飾る。

---

dish to go with

チーズバゲット

① グルイエールチーズまたはピザ用チーズ適量は電子レンジで加熱して溶かし、キャラウェイシード少々を混ぜる。
② ひと口大に切ったバゲットに①をからめて食べる。

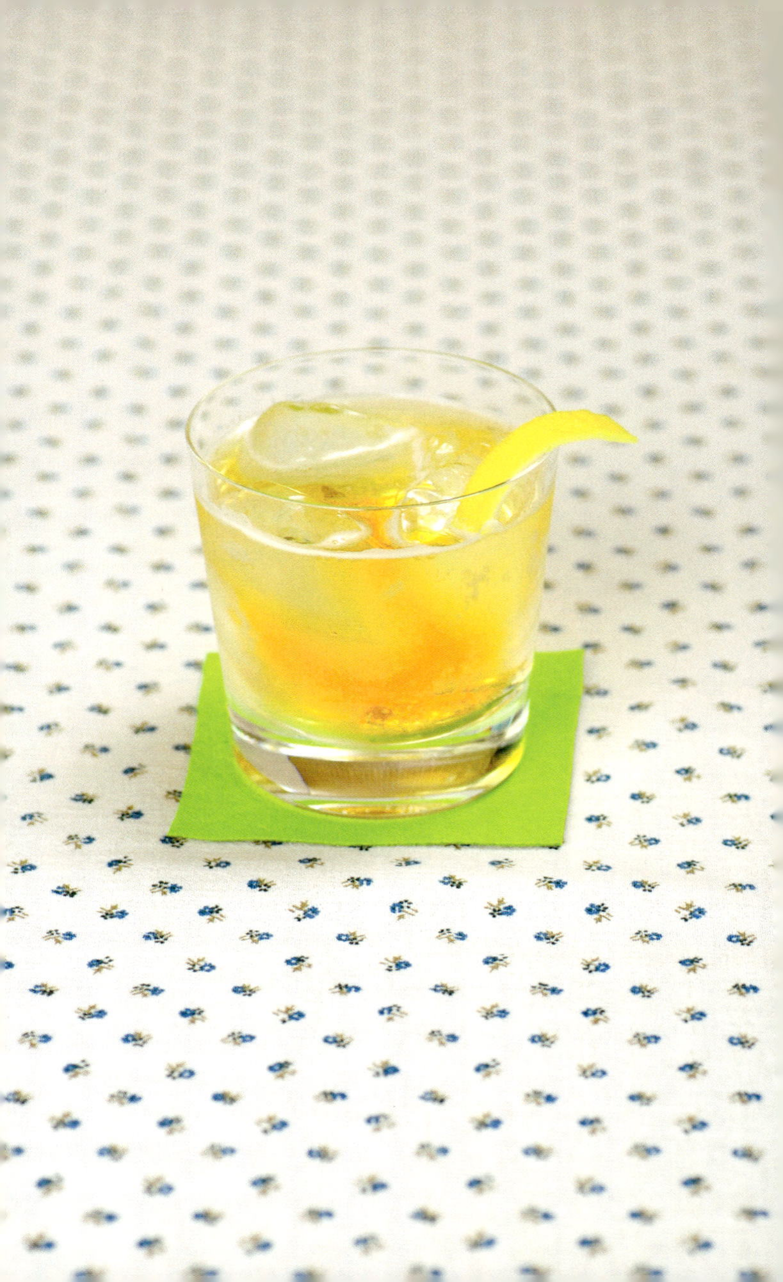

休日の午後を楽しむ贅沢カクテル

フリー・オン・ザ・ロックス

キリンフリーは、しっかりとした麦芽の味や香りがするので、氷を入れても薄くはなりません。夏にはロックで楽しんでみましょう。

材料

キリンフリー …1 グラス分
氷 …3〜4 コ
レモンの皮 …1 切れ

作り方

グラスに氷を入れ、キリンフリーを満たす。レモンの皮を添える。

dish to go with

ソーセージのハーブ焼き

①ソーセージ 4 本は斜めに切り込みを入れる。
②フライパンに油はひかずにソーセージとローズマリーを入れて、じっくり炒める。
③ソーセージにローズマリーの香りが移り、こんがり焼けたらできあがり。

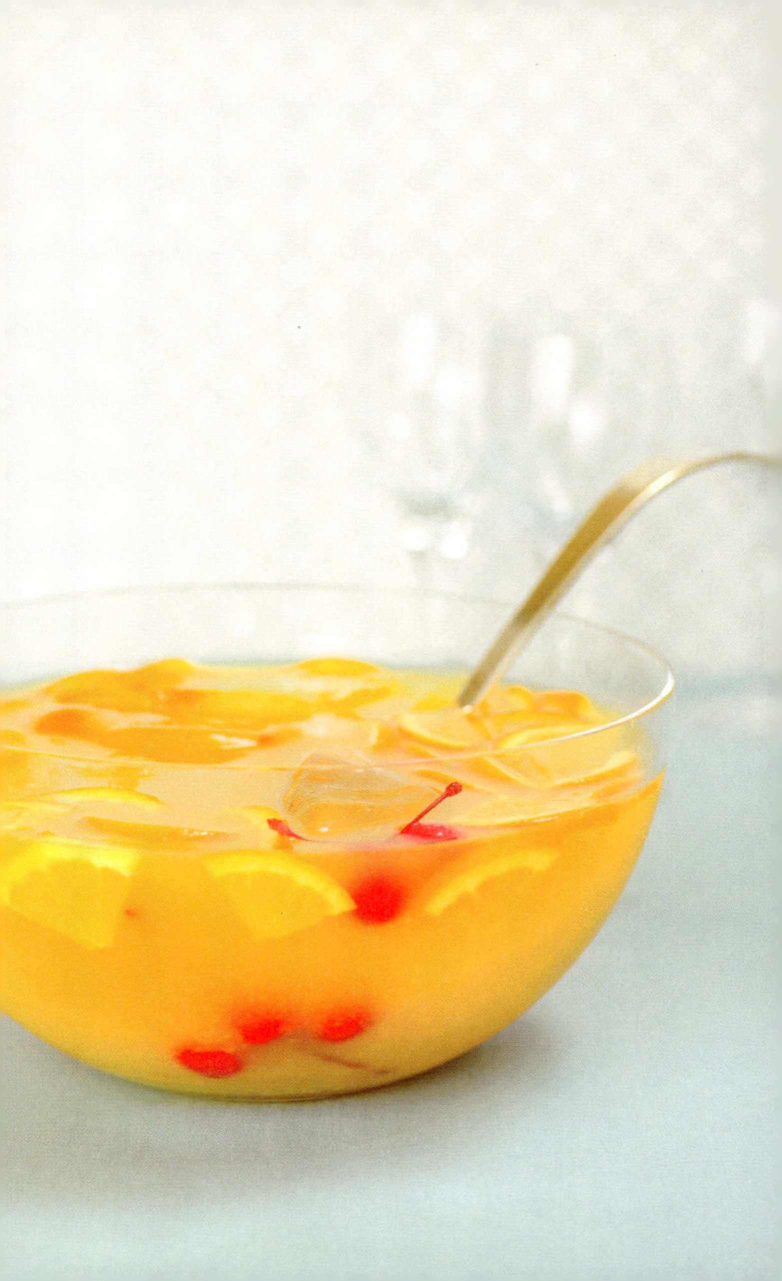

休日の午後を楽しむ贅沢カクテル

フリー・パンチ

気軽に作れる「ワイン・パンチ」を、キリンフリーベースで仕上げました。ホームパーティーにおすすめです。

材料 (10人前)

キリンフリー …500㎖
オレンジジュース
(果汁100%) …250㎖
パイナップルジュース
(果汁100%) …150㎖
ライムジュース …30㎖
キリンレモン …適量
氷 …大3～4コ
オレンジ …1コ分
チェリー …10コ

作り方

大きなガラスのボウルなどにキリンフリー、オレンジジュース、パイナップルジュース、ライムジュース、キリンレモンを合わせる。氷、いちょう切りにしたオレンジ、チェリーを加える。

dish to go with

にんじんとりんごのディップ

①にんじん1/2本とりんご1/2コはすりおろし、レモン汁1/2コ分、水1/4カップと合わせて5分ほど煮る。煮詰まってきたら火からおろす。
②①が冷めたら、クラッカーなどにつけて食べる。

(バーテンダー直伝！デコレーション・テクニック)

ペンギン・スタイル

①  くし形に切ったオレンジやレモンの皮の白いところに包丁を入れ、半分まで切り込みを入れる。

② 皮に2筋切り込みを入れる(これがペンギンのしっぽになる)。

③ 切り込みを内側に折り込む。

④ ペンギンのしっぽになる皮を少し広げる。

美容と健康に
ヘルシーカクテル

■ ■ ■ ■ ■

ちょっと最近バテ気味かも…
野菜不足で肌荒れが気になる…
そんなときは、おいしく元気を
チャージしましょう！

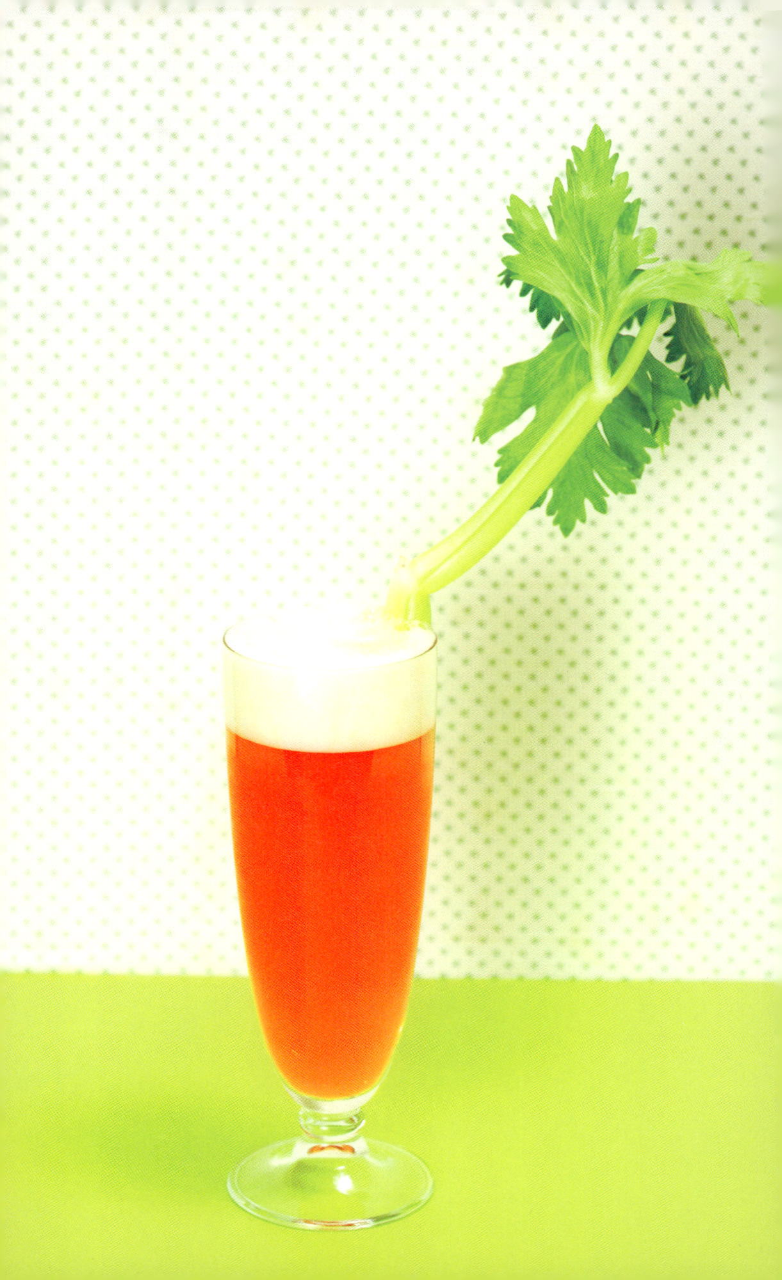

美容と健康に ヘルシーカクテル

フリ・ベジ

「レッド・アイ」のトマトジュースを、野菜ジュースにかえて。野菜不足が気になるあなたのカクテルです。

材料

キリンフリー …1/2
野菜ジュース …1/2
セロリのスティック …1本

作り方

キリンフリーをグラスに半分注ぎ、野菜ジュースを満たして軽くかき混ぜる。セロリのスティックを飾る。

---

dish to go with

ミックスビーンズの塩炒め

①フライパンに油をひかずにミックスビーンズ50g、クミンシード少々を3～4分ほどから炒りする。
②塩少々で味を調える。

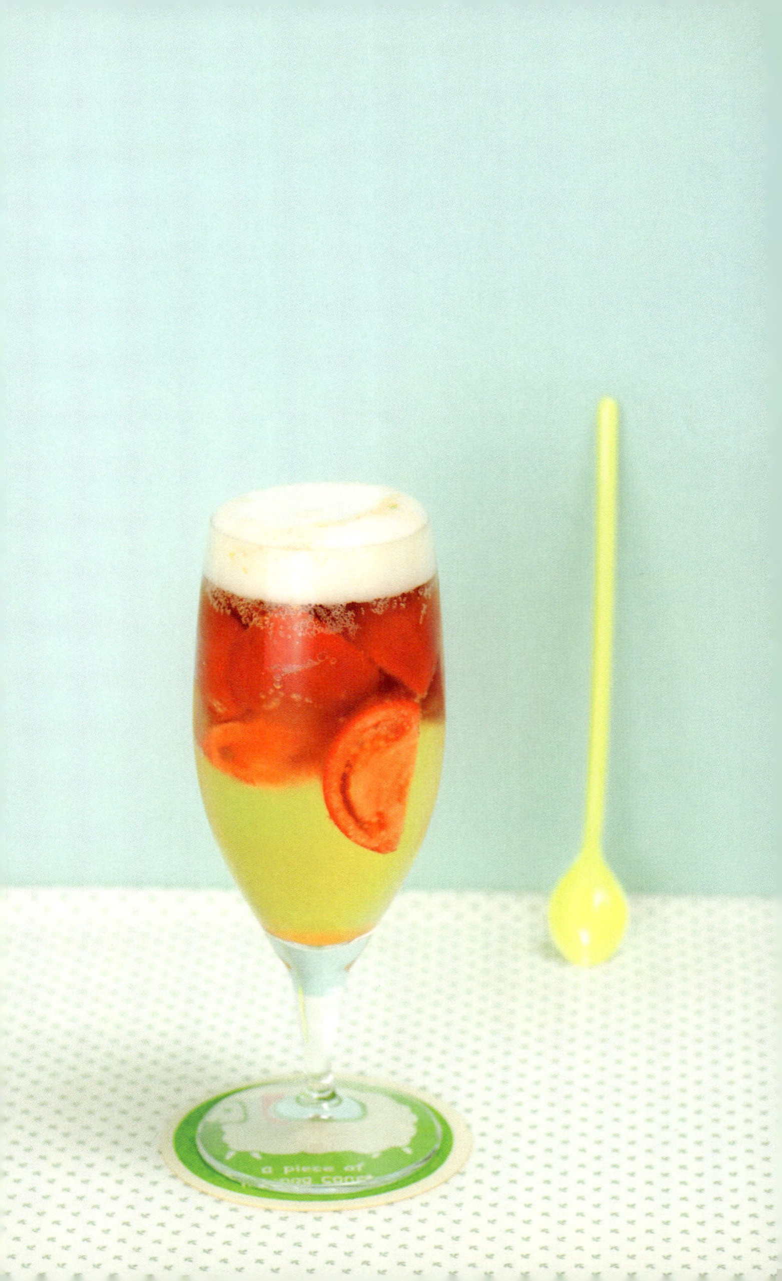
a piece of

美容と健康にヘルシーカクテル

トマト・ヴァージン・パナシェ

88ページの「ヴァージン・パナシェ」に、新鮮なフルーツトマトを加えて。サラダ感覚でお召し上がりください。

材料

キリンフリー …1/2
キリンレモン …1/2
フルーツトマト …3コ

作り方

フルーツトマトは4等分に切り、グラスに入れる。キリンフリーをグラスに半分注ぎ、キリンレモンを満たして軽くかき混ぜる。

---

dish to go with

サラダ菜と卵のサラダ

①玉ねぎ1/8コとセロリ5㎝は粗みじん切りにする。玉ねぎ、セロリ、ツナ1/2缶、酢大さじ1/2を混ぜ合わせる。
②サラダ菜と輪切りにしたゆで卵を器に盛りつけ、①をかける。

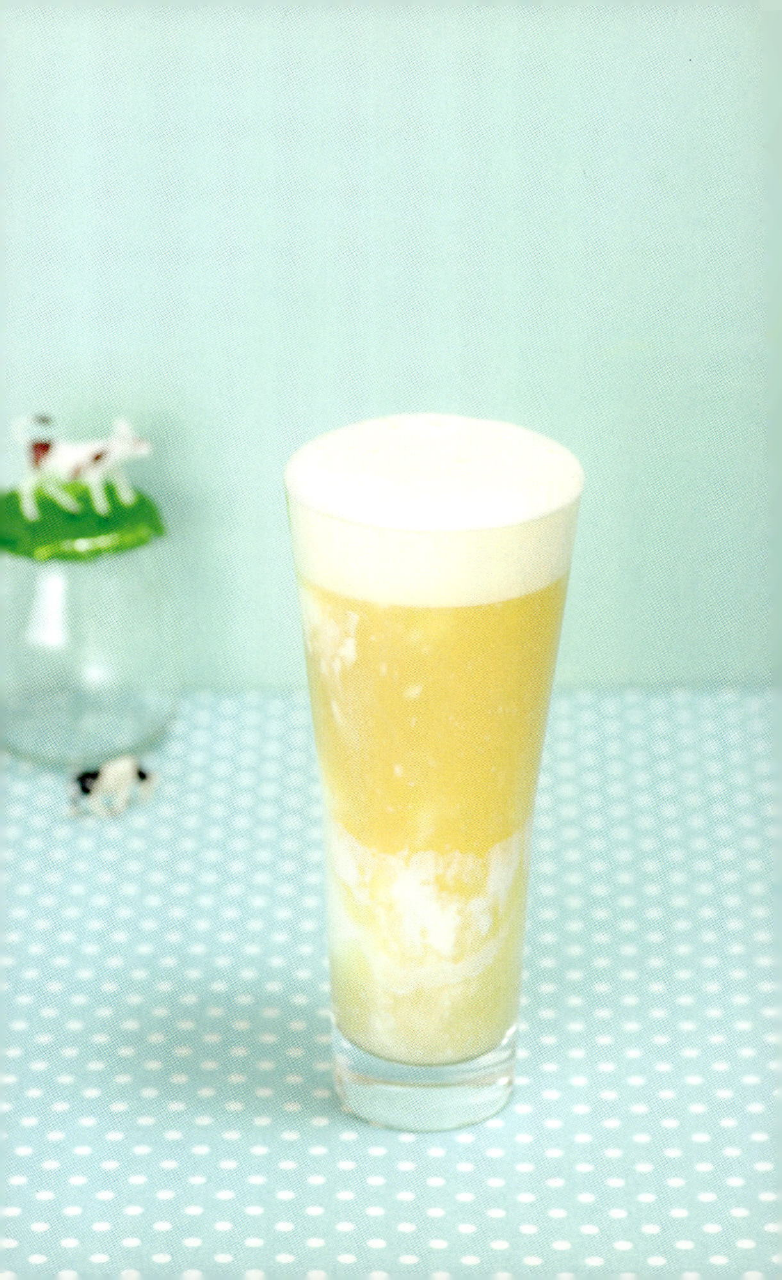

美容と健康にヘルシーカクテル

ホワイト・ビアグルト

ビールとヨーグルトを組み合わせたから"ビアグルト"。胃腸に優しいカクテルです。

材料

キリンフリー …2/3
飲むヨーグルト …1/3

作り方

飲むヨーグルトをグラスに注ぐ。飲むヨーグルトと混ざらないように、キリンフリーを静かに注ぎ、二層に仕上げる。

dish to go with

いちじくのグレープジュース煮

①ドライいちじく適量は鍋に入れ、グレープジュースをひたひたに注ぐ。
②①を弱火にかけ、汁気がなくなるまで煮込む。

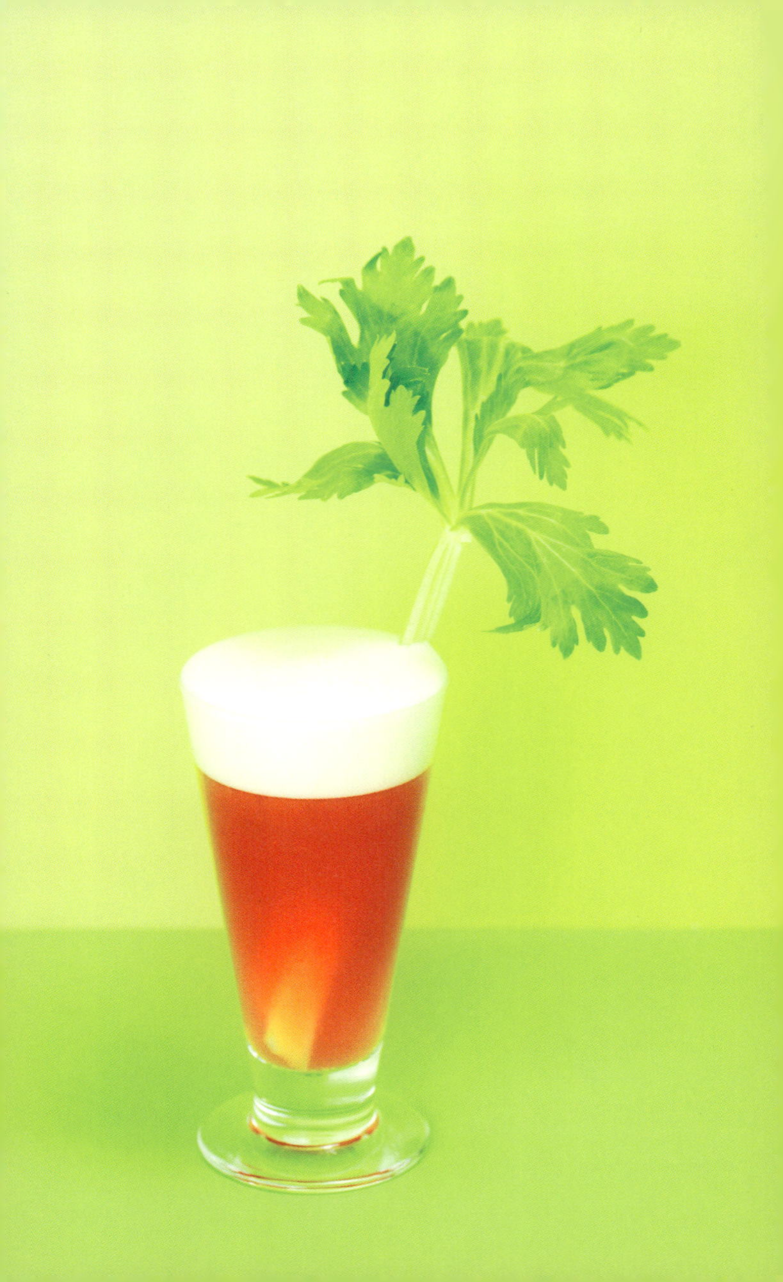

美容と健康にヘルシーカクテル

リセット・フリー

クラマトジュースは、はまぐりのエキスとトマトで作られたヘルシードリンク。ちょっと疲れたなぁというときに、元気になれるカクテルです。

材料

キリンフリー …1/2
クラマトジュース …1/2
セロリのスティック …1本
こしょう
ウスターソース 〕…適宜
タバスコ

作り方

キリンフリーをグラスに半分注ぎ、クラマトジュースを満たして軽くかき混ぜる。セロリのスティックを飾る。好みでこしょう、ウスターソース、タバスコを加える。

dish to go with

黒オリーブとサワークリームのカナッペ

①黒オリーブ6粒はラップに包んで瓶の底などでつぶし、ツナ1/2缶と合わせて練り混ぜる。
②クラッカーにサワークリームと①を塗り、パプリカを飾る。

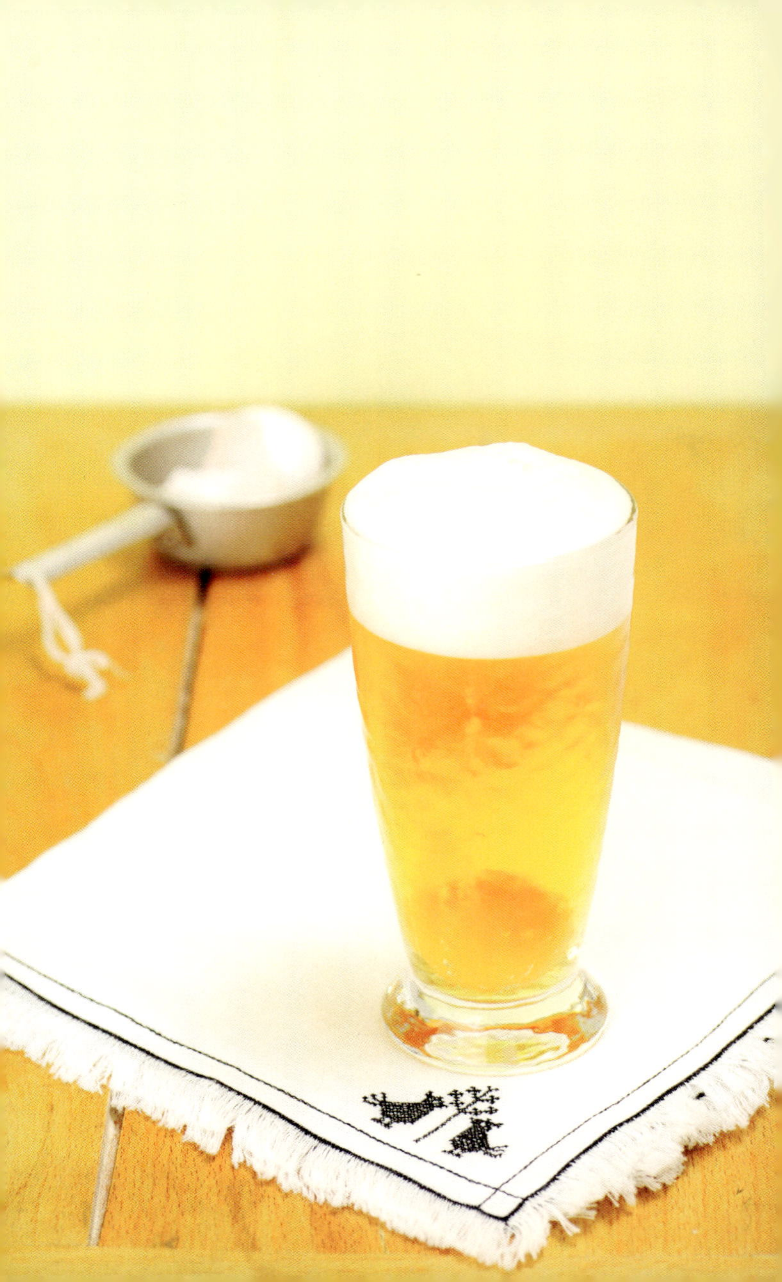

美容と健康にヘルシーカクテル

サンライズ・フリー

「もう疲れて限界！」というときは、このカクテル。沈めた卵黄と共に一気に飲みほしてください！　卵黄をくずして飲んでもおいしいです。

材料

キリンフリー …1 グラス分
卵黄 …1 コ

作り方

キリンフリーをグラスに注ぎ、卵黄を加える。

dish to go with

アスパラとベーコンのビネガー炒め

① アスパラガス 1 束は 4 〜 5 等分に切る。ベーコン 2 枚は細切りにする。
② フライパンにオリーブ油少々を熱し、ベーコン、アスパラガスの順に加えて炒める。
③ ベーコンがカリッとしたら酢大さじ 1 を回しかけ、火を止めて好みで黒こしょうをふる。

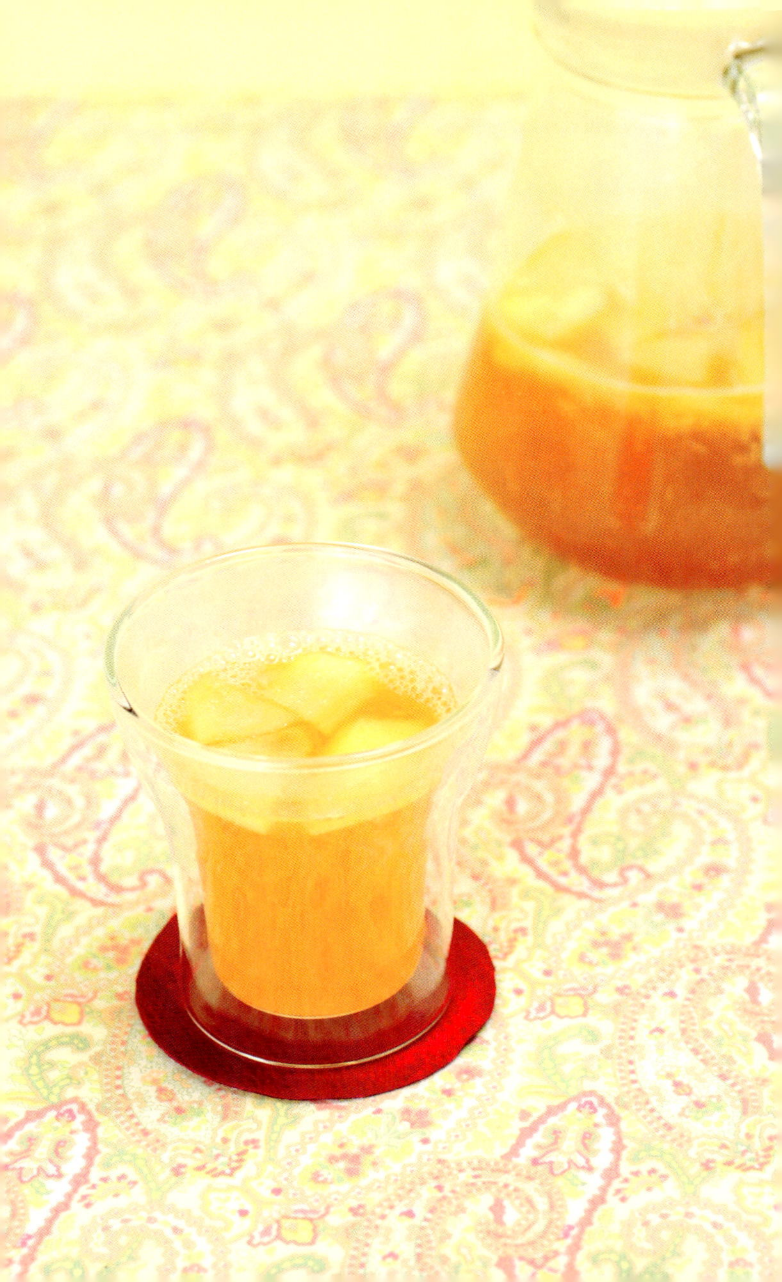

美容と健康にヘルシーカクテル

ホット・アップル・ジンジャーエール

体が芯から冷え切ってしまったら、しょうがやスパイスの利いた、このホット・カクテルで温まってください。

材料

キリンフリー …1 グラス分
りんご …1/4 コ
バター …小さじ 1
しょうが（すりおろす）
　…小さじ 3
砂糖 …小さじ 3
シナモンパウダー
　…少々

作り方

りんごは皮をむいて、いちょう切りにする。すべての材料を耐熱容器に合わせ、600W の電子レンジで 2 分 30 秒ほど加熱する。

dish to go with

プレッツェル

①薄力粉 100ｇ、ベーキングパウダー小さじ 1/2、塩少々を混ぜ合わせ、オリーブ油大さじ 1、水大さじ 3 を加えて、練らないようにまとめる。ラップに包んで 30 分寝かせる。
②①を 12 等分して細い棒状にのばし、プレッツェル型に整える。
③溶き卵を塗って軽く塩をふり、175 度のオーブンで 15 〜 20 分ほど好みの固さに焼く。

┈┈┈ バーテンダー直伝！デコレーション・テクニック ┈┈┈

スティックリボン・スタイル

① 輪切りにしたライムやレモンに、中心から切り込みを入れる。

② 切り込みを入れた両端を、それぞれ反対側にひねる。

③ 皮の白い部分3点に、スティックを刺す。

④ 上から見てリボン状に整える。

伝統のビア・カクテルを
ノンアルコールで

本格的なカクテルには、
ビールベースのものが
いくつかあります。
ビールをキリンフリーにかえて、
気軽に味わいましょう。

伝統のビア・カクテルをノンアルコールで

ピュア・シャンディ・ガフ

ビールカクテルとして有名な「シャンディ・ガフ」を、ノンアルコール・バージョンに仕上げました。

材料

キリンフリー …1/2
ジンジャーエール …1/2

作り方

キリンフリーをグラスに半分注ぎ、ジンジャーエールを満たして軽くかき混ぜる。

dish to go with

フライドポテトのビネガー風味

①フライパンにオリーブ油大さじ1を中火で熱し、冷凍ポテト100gをカリカリになるまでしっかりと揚げ焼きにする。
②ポテトをくずして、刻んだイタリアンパセリ2枝分を混ぜ合わせ、酢大さじ1、塩こしょうで味を調える。

伝統のビア・カクテルをノンアルコールで

ヴァージン・パナシェ

「シャンディ・ガフ」はイギリス生まれ。「パナシェ」はフランス生まれのカクテルです。パナシェは、「かき混ぜる」という意味があります。

材料

キリンフリー …1/2
キリンレモン …1/2
レモンの輪切り …1切れ

作り方

キリンフリーをグラスに半分注ぎ、キリンレモンを満たして軽くかき混ぜる。レモンの輪切りをループ・スタイル(98ページ)にカットして飾る。

---

dish to go with

サーモンのパン粉焼き

①パン粉はザルなどでふるい細かくしておく。
②スモークサーモン8枚に粒マスタードを薄く塗り、刻んだケーパー少々をちらす。
③端からくるくると巻いて、パン粉をまぶし、アルミホイルなどに並べてトースターで1〜2分焼く。

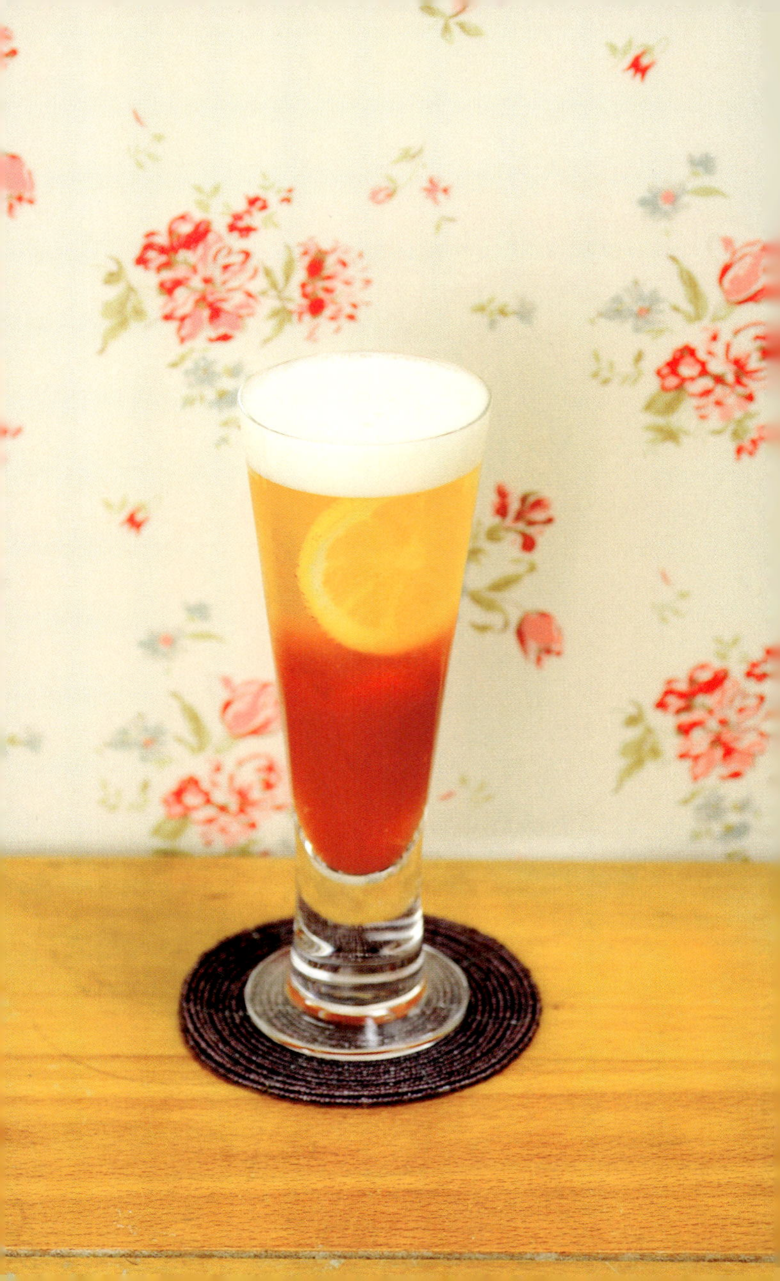

伝統のビア・カクテルをノンアルコールで

フリー・レッド・アイ

二日酔いの朝の赤い目が、「レッド・アイ」の名前の由来とか。でも、このレッド・アイなら、二日酔いにはなりませんね。

材料

キリンフリー …1/2
トマトジュース …1/2
レモンの輪切り …1切れ
こしょう
ウスターソース ］…適宜
タバスコ

作り方

キリンフリーをグラスに半分注ぎ、トマトジュースを満たして軽くかき混ぜる。レモンの輪切りを加える。好みでこしょう、ウスターソース、タバスコを加える。

dish to go with
オイルサーディンのカナッペ

① 雑穀パンに薄くバターを塗る。
② 斜め薄切りにしたきゅうり2枚、水にさらした玉ねぎの薄切り少々、オイルサーディン1尾の順にのせる。ミニトマトの輪切りを飾る。

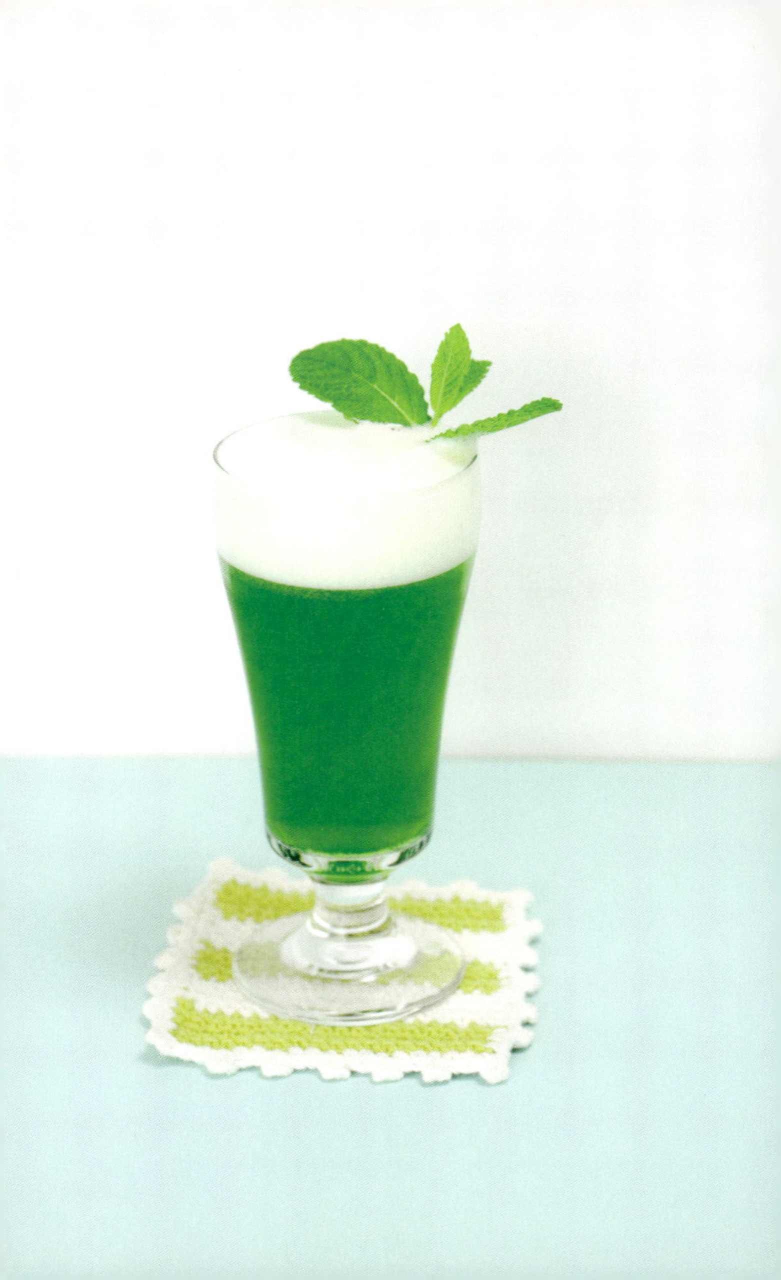

伝統のビア・カクテルをノンアルコールで

ミントフリー

「ミント・ビア」のノンアルコール版。爽やかな香りと、キリンフリーの苦みが好相性。気分もスッキリします。

材料

キリンフリー …1 グラス分
グリーンミントシロップ
　…小さじ 2
ミントの葉 …1 枝

作り方

キリンフリーをグラスに注ぎ、グリーンミントシロップを加えて軽くかき混ぜる。ミントの葉を飾る。

---

dish to go with

カカオのアイスラスク

①ココア大さじ 1 を少量の湯で溶き、アイスクリーム 30㎖（ミニカップの半分）に混ぜる。これでラスク 6 枚分の量。
②トーストしたバゲットに①を塗り（やわらかくて塗りにくい場合は冷凍庫で固める）、くるみをのせて冷凍庫で冷やす。

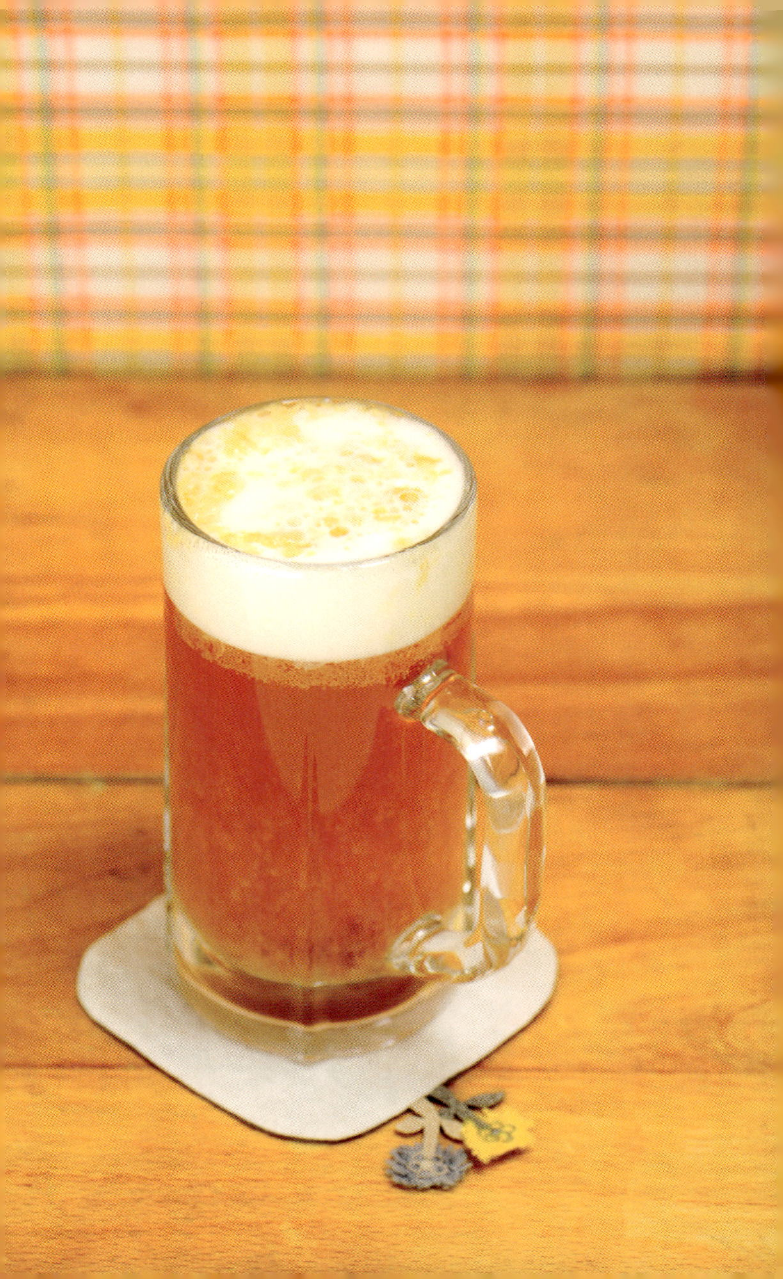

伝統のビア・カクテルをノンアルコールで

ノン・ストーン・ヘッド

「ストーン・ヘッド」というビールとジンジャーリキュールで作るカクテルを、ノンアルコール仕立てに。固い頭も、やわらか頭になれるかも。

材料

キリンフリー …1グラス分
ジンジャーシロップ
　…小さじ3

作り方

キリンフリーをグラスに注ぎ、ジンジャーシロップを加えて軽くかき混ぜる。

dish to go with

ミニトマトのミニミートローフ

①豚ひき肉150g、塩小さじ1/3、ナツメグ小さじ1/6を合わせる。
②ベーコン4枚を端と端が重なるように縦に敷き、①を手前半分に均等に広げる。
③ミニトマト適量を②のひき肉の上に横一列に並べ、海苔巻きの要領で巻いていく。
④アルミホイルで包んで形を整え、オーブントースターで20分ほど焼く。

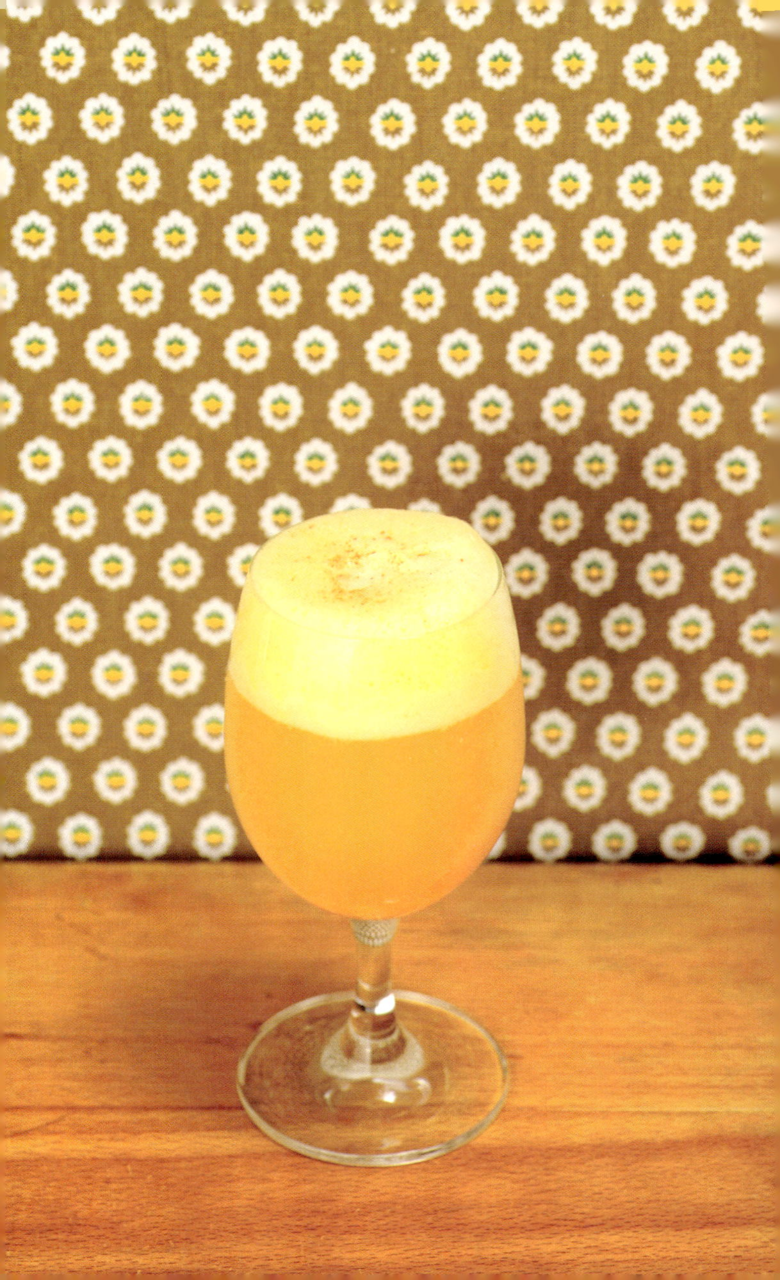

伝統のビア・カクテルをノンアルコールで

フリップ・フリー

「フリップ」は、卵と砂糖を使ったカクテル。なんとなく、卵酒をイメージさせますね。

材料

キリンフリー …1グラス分
卵 …1コ
砂糖 …小さじ2
ナツメグ …少々

作り方

ボウルに卵と砂糖を合わせ、泡立て器で撹拌する。ホイップ状になったらグラスに入れ、キリンフリーを注いで軽くかき混ぜる。ナツメグをふりかける。

---

dish to go with

アーモンドとにんじんのサラダ

①アーモンド10粒は粗く刻む。にんじん1/2本はせん切りにする。
②アーモンドとにんじんを合わせ、オリーブ油小さじ1、レモン汁小さじ1、塩こしょうで味を調える。

バーテンダー直伝！デコレーション・テクニック

ループ・スタイル

レモンやライムの輪切りの皮の白いところを、5mmほど残して切り込みを入れる。

三日月スタイル

くし形に切ったライムやレモンの果肉に、斜めに切り込みを入れる。

ハーフムーン・スタイル

半月切りにしたオレンジやレモンに、斜めに切り込みを入れる。

キリンビール社員の
おすすめカクテル

キリンフリーのおいしさを
熟知している社員たちが、
実際に愛飲している
プライベート・カクテルを
公開します。

キリンビール社員のおすすめカクテル

フリーレモン

キリンフリーに生レモンをキュッとしぼるだけ。
食事にも合う、爽やかなカクテルです。

材料

キリンフリー …1 グラス分
レモン …1/2 コ
レモン …1 切れ

作り方

キリンフリーをグラスに注ぎ、レモンの果汁をしぼって加える。レモンを飾る。

---

dish to go with

焼き塩豚といんげん

① 豚ばら肉 100 g に塩をまんべんなくふって、ラップで包んでひと晩おく。
② 豚肉を 1cm 厚さに切り、フライパンに油はひかずに弱火で両面を 20 分ほどかけて焼く。フライパンの空いているスペースで、さやいんげんもじっくりと焼く。

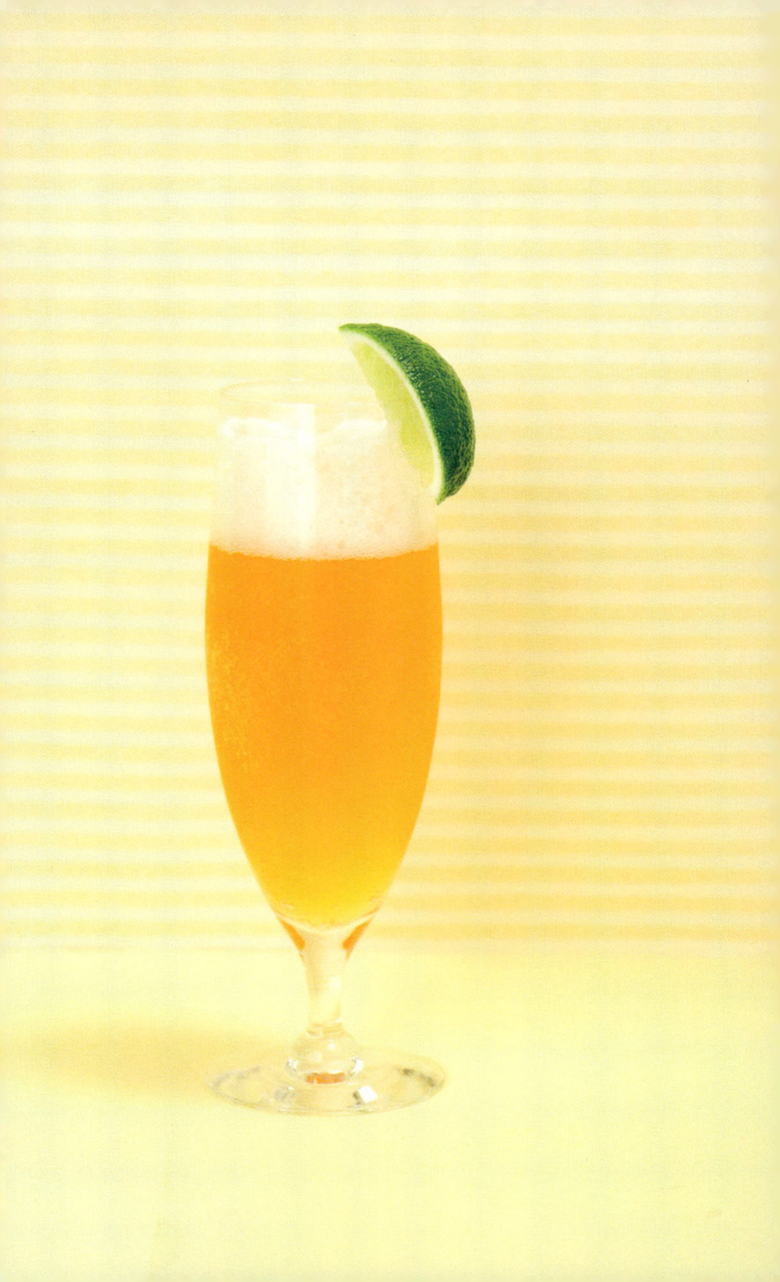

キリンビール社員のおすすめカクテル

フリーライム

ライムをしぼれば、不思議と南国テイストに。
ビーチサイドにトリップできそうです。

材料

キリンフリー …1 グラス分
ライム …1/2 コ
ライム …1 切れ

作り方

キリンフリーをグラスに注ぎ、ライムの果汁をしぼって加える。ライムを飾る。

---

dish to go with

サルサ風

①玉ねぎ・きゅうり・トマトの粗みじん切り各1/4カップ、レモン汁・塩・チリペッパー各少々を混ぜ合わせ、30分ほどおく。
②トルティーヤチップスを添える。

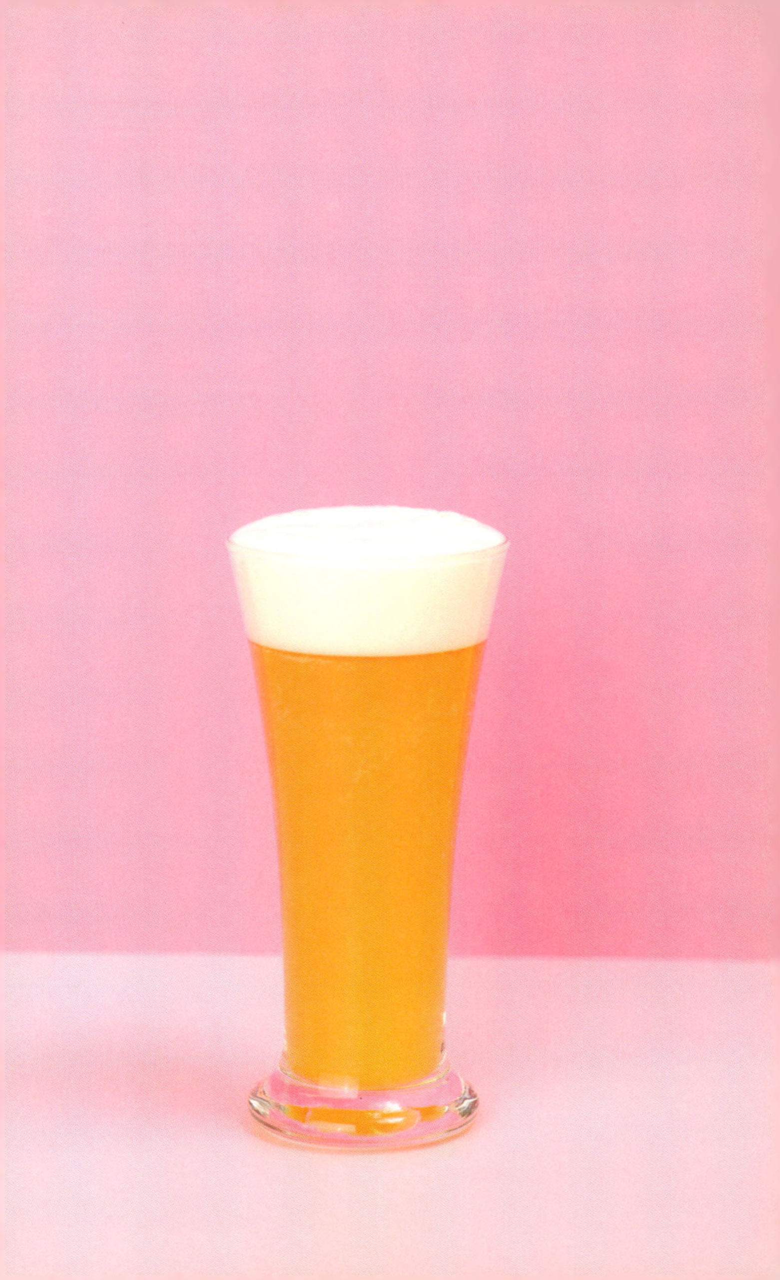

キリンビール社員のおすすめカクテル

フルーツブレンド・フリー

ひと口飲むだけで華やかな気分に。
明るい日差しのもとで飲みたくなります。

材料

キリンフリー …2/3
トロピカーナ フルーツ × フルーツ フルーツブレンド …1/3

作り方

キリンフリーをグラスに 2/3 注ぎ、トロピカーナ フルーツ × フルーツ フルーツブレンドを満たして軽くかき混ぜる。

dish to go with

揚げ春巻き

① 豚ひき肉 100g、桜えび 3g、しょうがのせん切り小 1/2 片分、香菜のざく切り 1/2 株分を合わせて練り混ぜ、6 等分する。
② 水で濡らしやわらかくなった生春巻きの皮で①を巻き、180 度の揚げ油でカラッと揚げる。

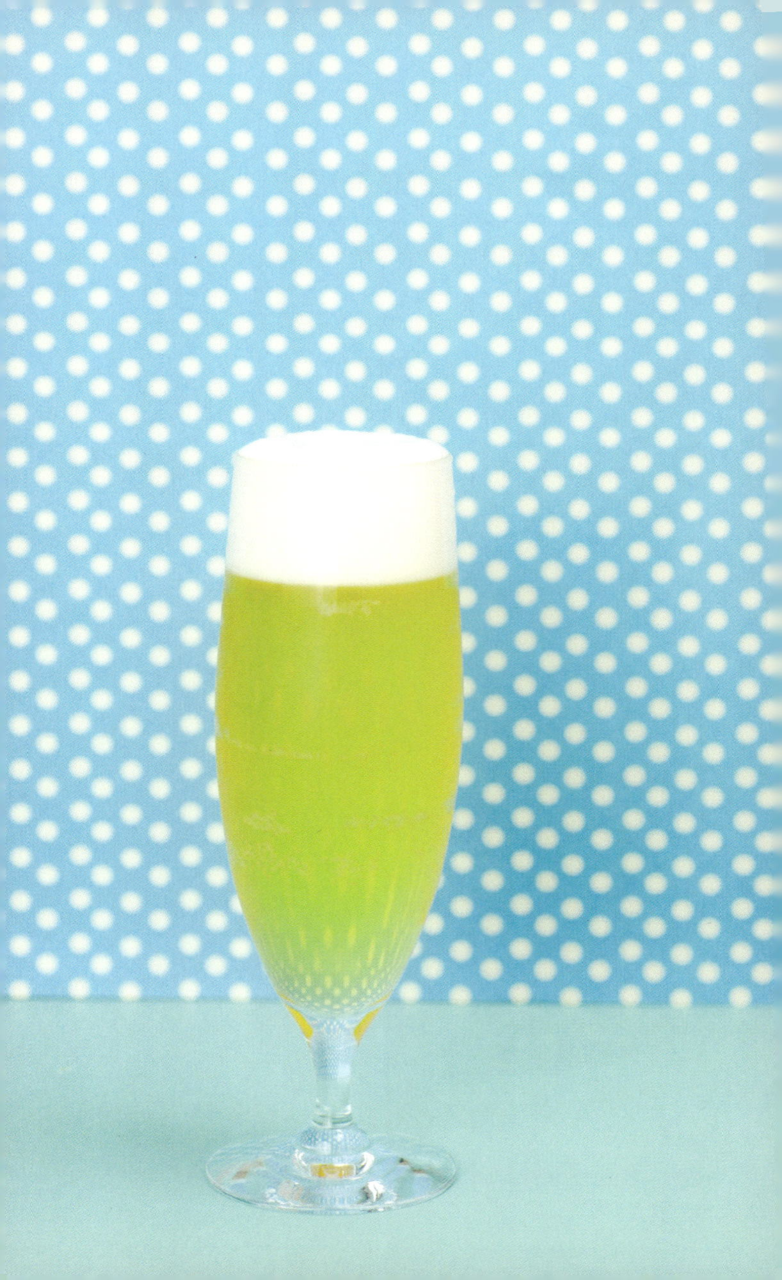

キリンビール社員のおすすめカクテル

ソルティライチ・フリー

ライムの爽やかな甘みと、フリーの苦みがクセになりそうです。

材料

キリンフリー …1/2
世界のKitchenから
ソルティライチ …1/2

作り方

キリンフリーをグラスに半分注ぎ、ソルティライチを満たして軽くかき混ぜる。

---

dish to go with

パイナップルとミントのアイスバー

①適当な大きさに切ったパイナップルをミントと交互に串に刺し、1時間ほど冷凍庫で冷やす。
②グラスなどに入れたヨーグルトに①をくぐらせ、もう一度冷凍庫で冷やし固める。

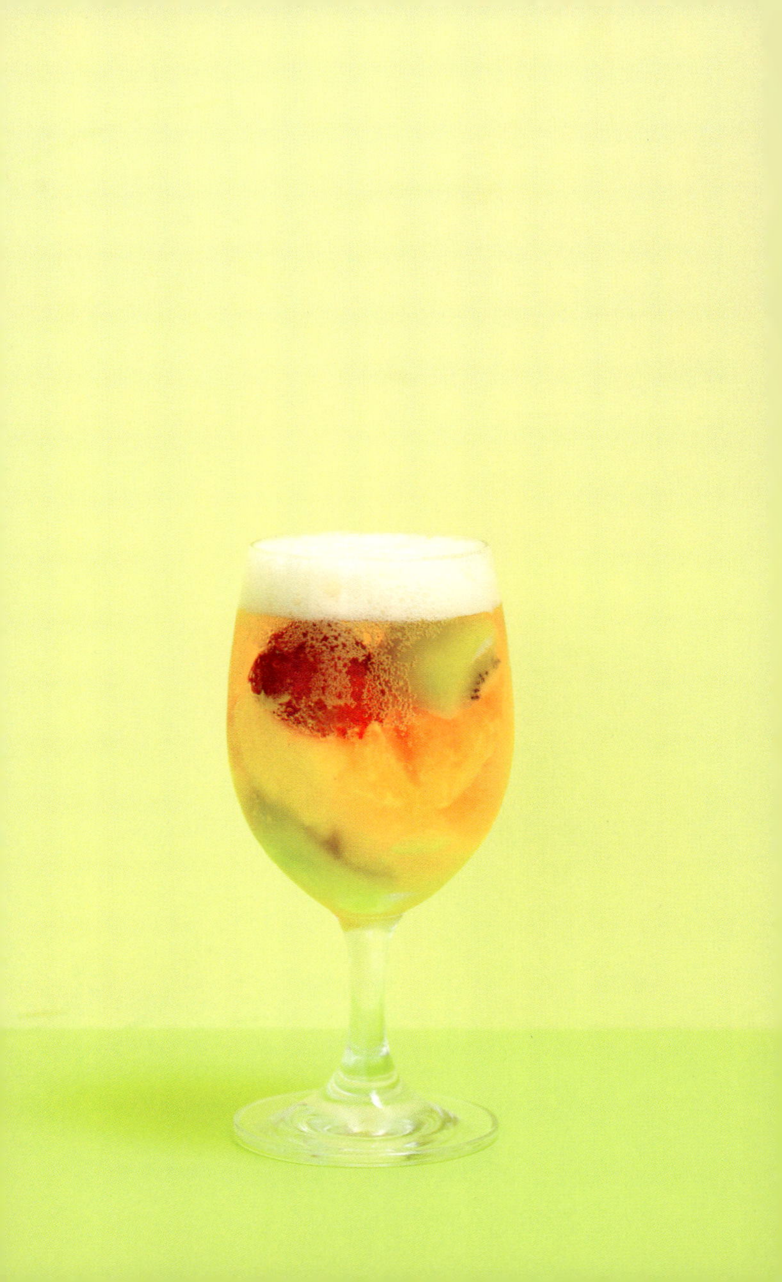

キリンビール社員のおすすめカクテル

フローズンフルーツ・フリー

見た目にも楽しいカクテル。季節に合わせて、いろいろなフルーツでお試しください。

材料

キリンフリー …1グラス分
カットフルーツ数種 …適量

作り方

カットフルーツは、好みの大きさにカットして、冷凍庫で凍らせる。グラスに凍ったフルーツを入れ、キリンフリーを注ぐ。

dish to go with

カシューナッツのはちみつ漬け

①カシューナッツにはちみつをひたひたに注ぐ。レモンの皮のせん切り1/6コ分を混ぜる。
②半日ほど漬ける。

キリンビール社員のおすすめカクテル

ゼロハイレモン・フリー

キリンフリーに、こちらもノンアルコールのチューハイ「ゼロハイ」を合わせました。

材料

キリンフリー …1/2
キリン ゼロハイ シチリア産レモン …1/2

作り方

キリンフリーをグラスに半分注ぎ、ゼロハイ シチリア産レモンを満たして軽くかき混ぜる。

dish to go with

あじのたたきなめろう風

①みょうが1コは縦4等分にしてから薄切りに、青じそ2枚はみじん切りにする。
②あじ1尾は三枚におろして皮をひき、小骨のあるところを切り落として、さいの目に切る。
③みそとみりん各小さじ1弱を混ぜ合わせ、①とあじを加えてさっくりと混ぜる。

キリンビール社員のおすすめカクテル

ゼロハイグレープフルーツ・フリー

食事と一緒に楽しみたいカクテル。特にこってりした料理と合わせると、さっぱりします。

材料

キリンフリー …1/2
キリン ゼロハイ グレープフルーツ …1/2

作り方

キリンフリーをグラスに半分注ぎ、ゼロハイ グレープフルーツを満たして軽くかき混ぜる。

dish to go with

ねぎだれつくね

①鶏ひき肉100ｇ、ねぎのみじん切り5cm分、片栗粉小さじ1/2、塩少々を合わせて練り混ぜる。4等分して串に刺し、手のひらで形を整える。
②サラダ油を薄くひいたフライパンを中火で熱し、①を入れて両面焼く。
③万能ねぎの小口切り1本分、ごま油大さじ2/3、塩ふたつまみを合わせ、②にかける。

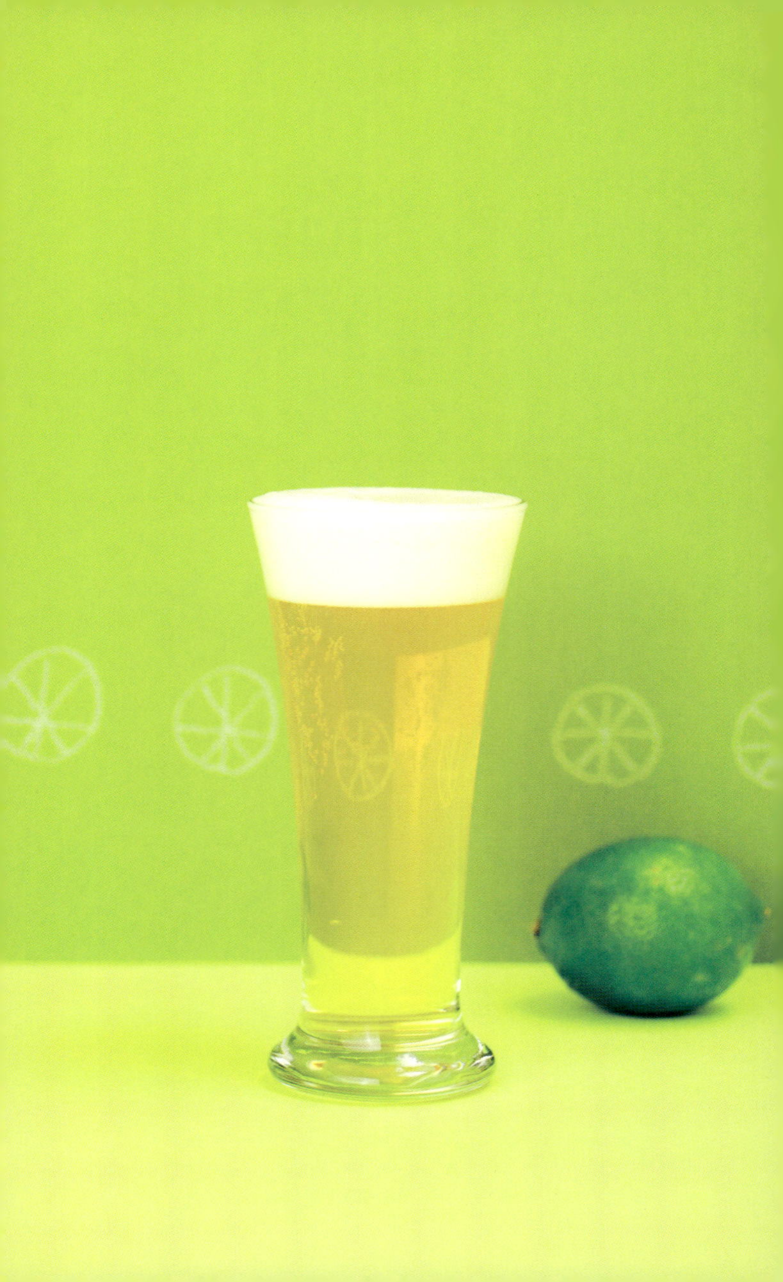

キリンビール社員のおすすめカクテル

ゼロハイライム・フリー

キレのある爽やかな飲みごたえ。
ゴクゴクいっちゃってください。

材料

キリンフリー …1/2
キリン ゼロハイ ライム
　…1/2

作り方

キリンフリーをグラスに半分注ぎ、ゼロハイ ライムを満たして軽くかき混ぜる。

dish to go with

焼きなすのしらすおろし

①なす2本はグリルで全体が黒くなるまで焼く。皮をむいて半分に切る。
②大根おろしとしらすをのせて、しょうがじょうゆをかける。

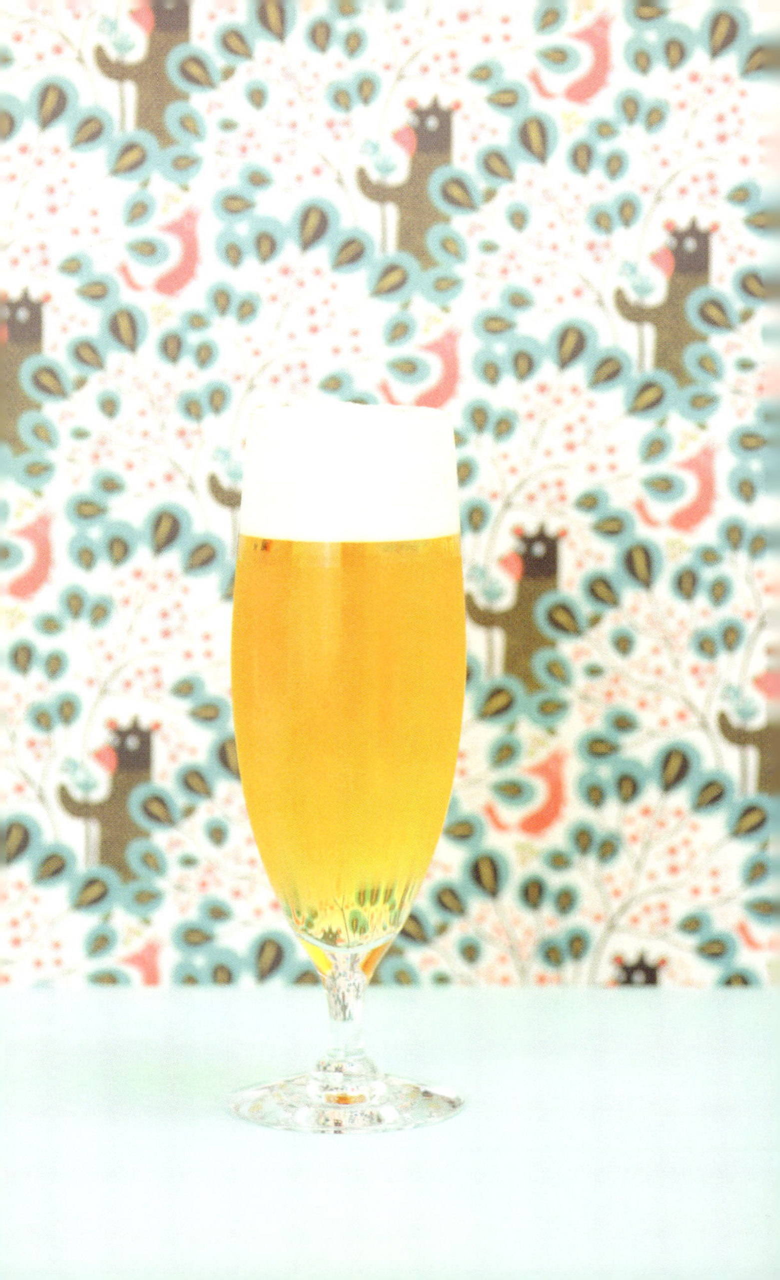

キリンビール社員のおすすめカクテル

ゼロハイウメ・フリー

ほんのり甘酸っぱい味わいを、キリンフリーにプラスして。

材料

キリンフリー …2/3
キリン ゼロハイ ウメ …1/3

作り方

キリンフリーをグラスに 2/3 注ぎ、ゼロハイ ウメを満たして軽くかき混ぜる。

---

dish to go with

オクラの梅酢がけ

①オクラ6本はゆでて冷水にとって冷やす。
②梅肉・酢・みりん各小さじ1を混ぜ合わせる。
③オクラに②をかけて、ごまをふる。

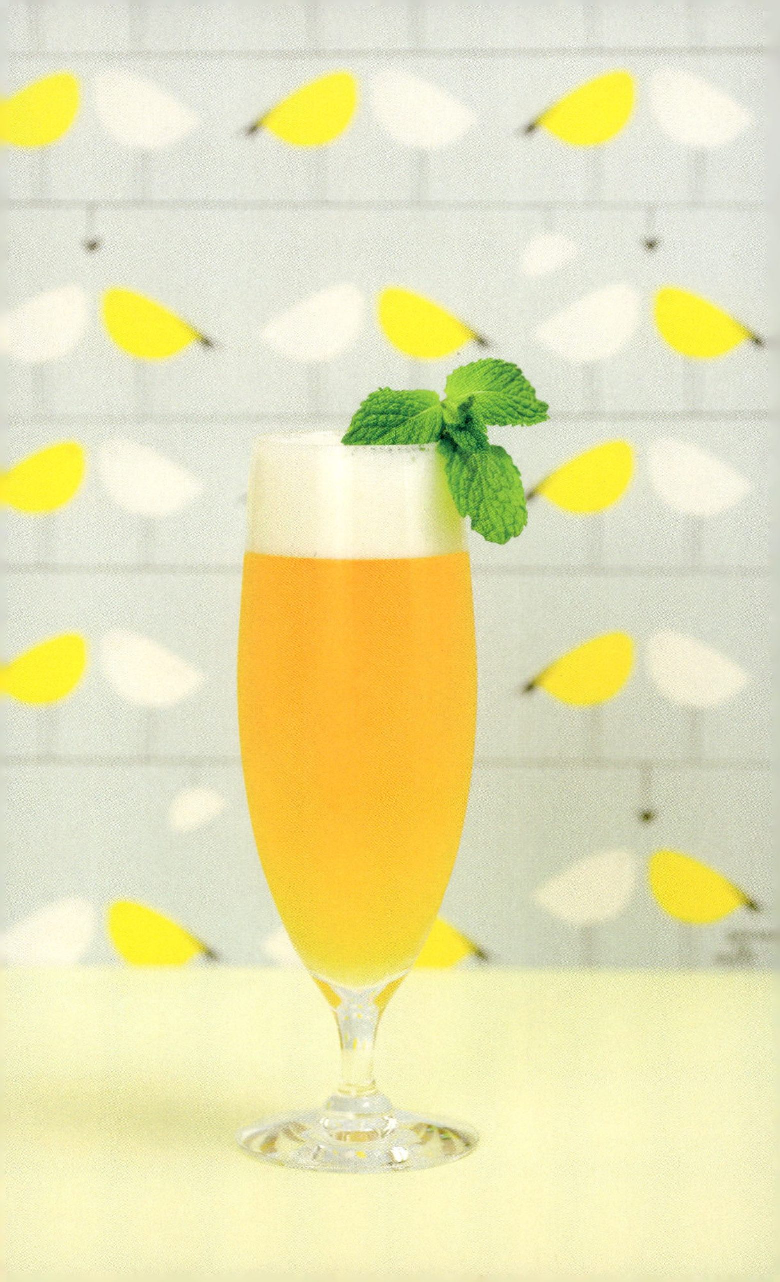

キリンビール社員のおすすめカクテル

グレープフルーツ・ミント・フリー

スーッと汗がひいていくような、ひんやり爽やかな後味です。

材料

キリンフリー …2/3
グレープフルーツジュース
（果汁100%）…1/3
ミントの葉 …適量

作り方

キリンフリーをグラスに2/3注ぎ、グレープフルーツジュースを満たして軽くかき混ぜる。ミントの葉を加える。

---

dish to go with

さつまいもチップス

①さつまいもは薄切りにして、多めの水にサッとさらす。
②さつまいもの水気をよく拭き取り、170度の揚げ油でカリッときつね色になるまでじっくりと揚げる。
③グラニュー糖とシナモンパウダーをふる。

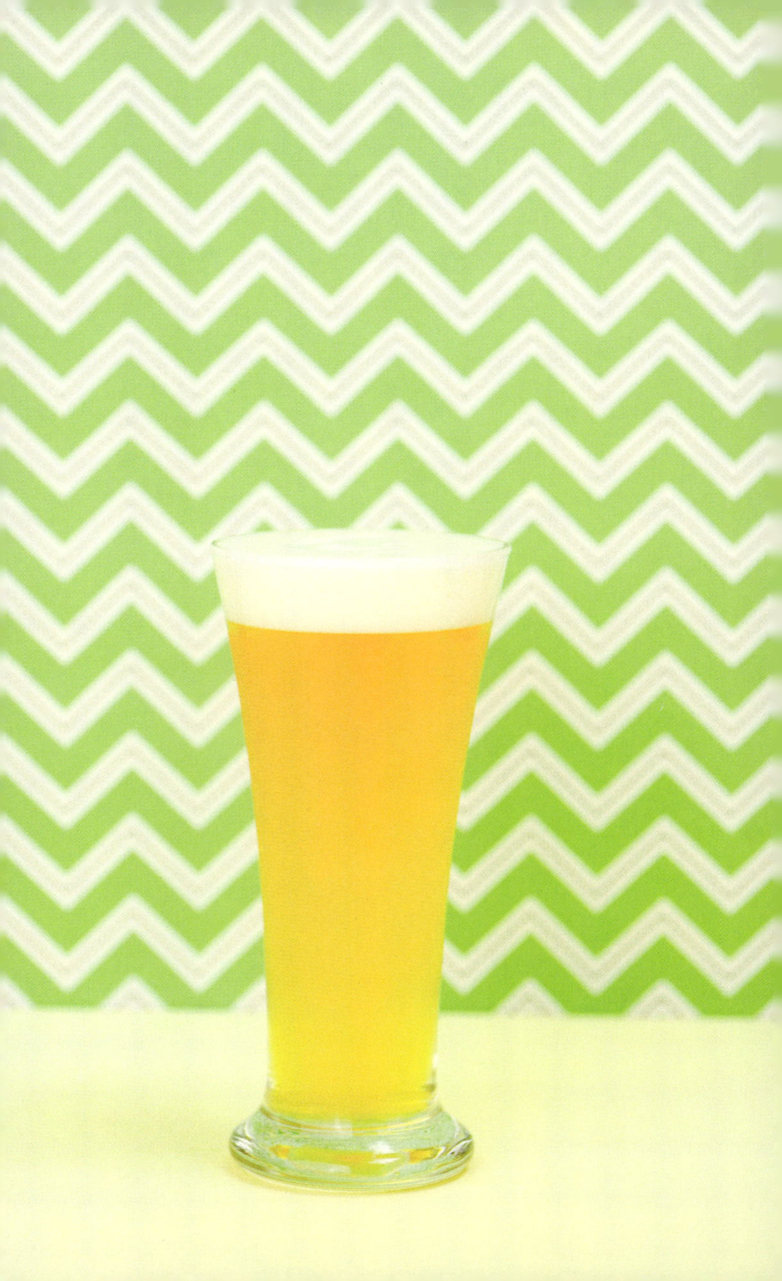

キリンビール社員のおすすめカクテル

シークワーサー・フリー

なんだか長生きできそうな気が…

もちろん、沖縄料理との相性も抜群です。

材料

キリンフリー …1グラス分
シークワーサー果汁
(果汁100%原液)
　…小さじ1

作り方

キリンフリーをグラスに満たし、シークワーサー果汁を加えて軽くかき混ぜる。

---

dish to go with

ゴーヤーのおかか和え

①ゴーヤー1/4本と玉ねぎ1/8コはごく薄切りにして水にさらす。
②①の水気をしっかりときり、かつお節をまぶす。お好みでポン酢をかけて食べる。

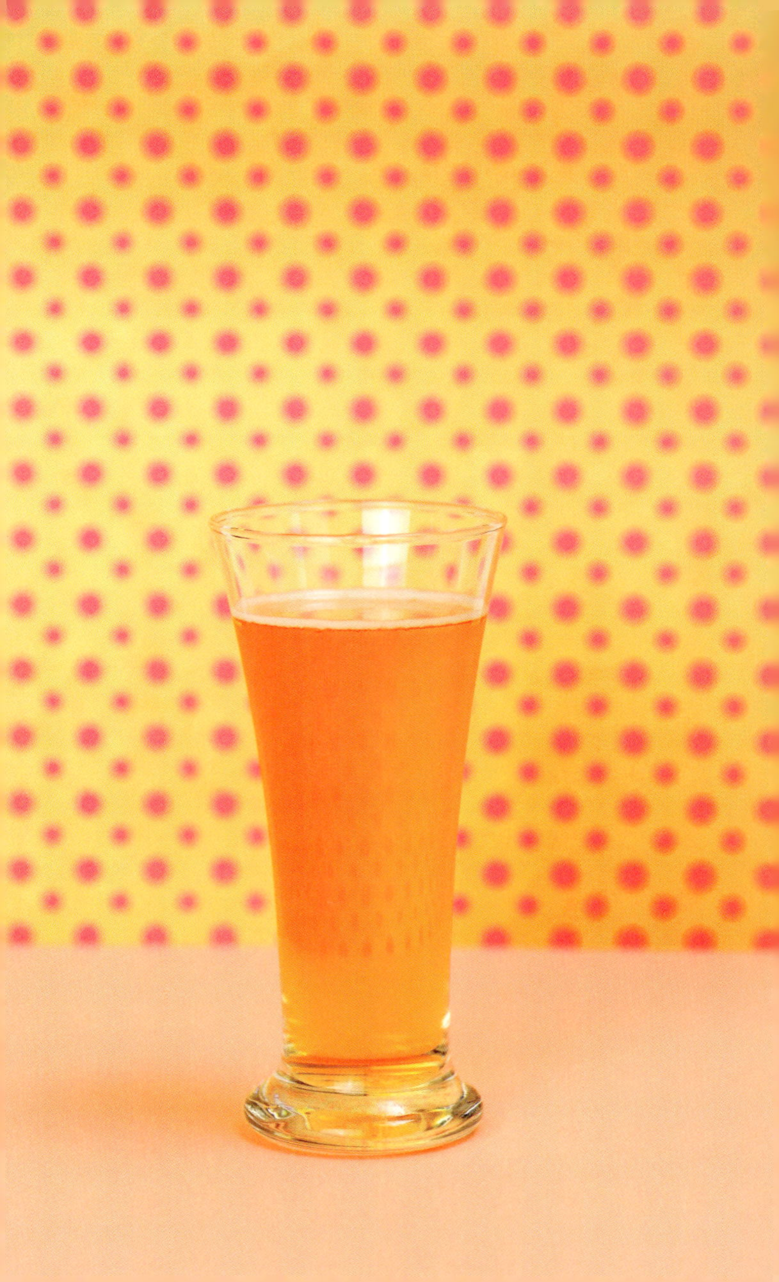

キリンビール社員の**おすすめカクテル**

りんご酢ハニーフリー

「疲れたときは、この一杯」というキリン社員、ただいま急増中です。

材料

キリンフリー …1グラス分
はちみつ …小さじ1
りんご酢 …小さじ1

作り方

グラスにはちみつと少量のキリンフリーを入れて、混ぜ合わせる。残りのキリンフリーをグラスに注ぎ、りんご酢を加えて軽くかき混ぜる。

---

dish to go with

きのこのオイスターソース炒め

① エリンギ1本は食べやすい大きさに切り、しめじ1/6パックはほぐす。

② にんにくの薄切り1/2片分をごま油小さじ1で炒め、香りが出たらきのこを炒める。

③ 5分ほどじっくり炒めたら、オイスターソースとしょうゆ各小さじ1/2強で味を調える。盛りつけて白髪ねぎを添える。

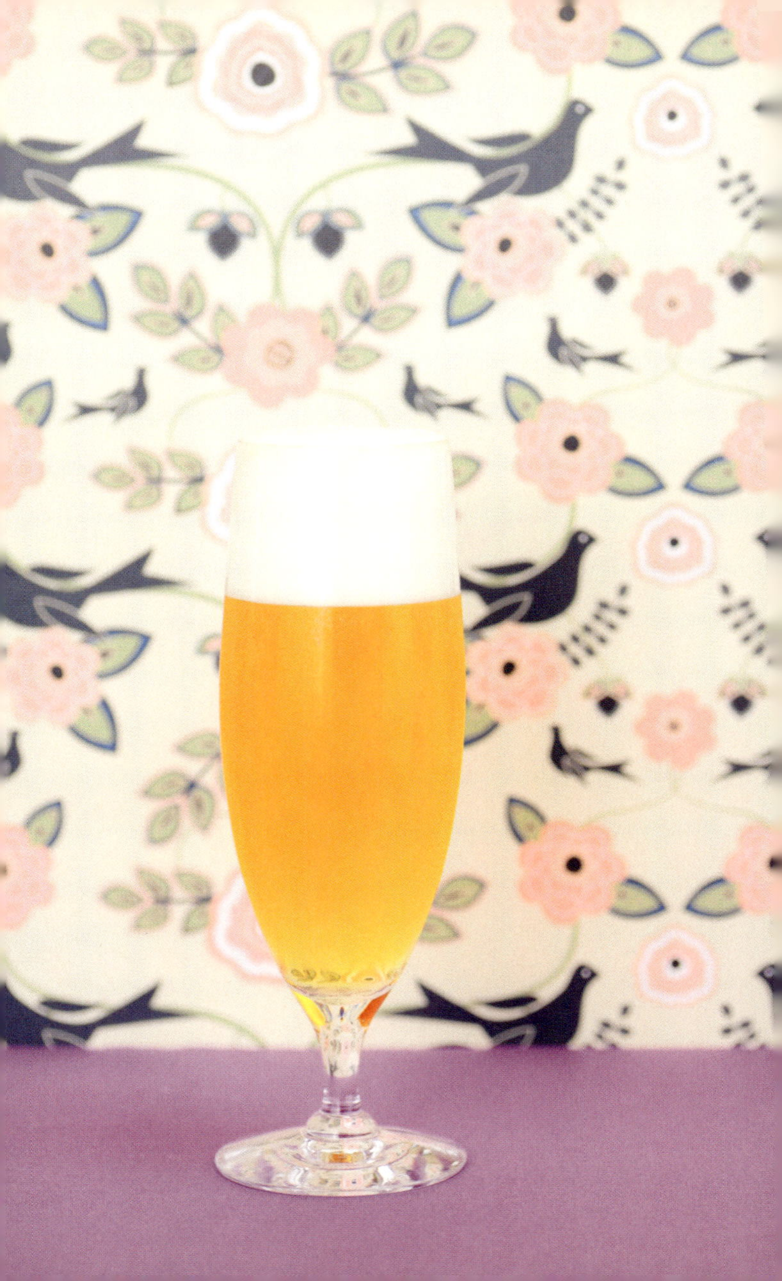

キリンビール社員のおすすめカクテル

黒酢ハニーフリー

おいしくって、体にも良さそう。
言うことないですね。

材料

キリンフリー …1 グラス分
はちみつ …小さじ 1
黒酢 …小さじ 1

作り方

グラスにはちみつと少量のキリンフリーを入れて、混ぜ合わせる。残りのキリンフリーをグラスに注ぎ、黒酢を加えて軽くかき混ぜる。

dish to go with

ピータン豆腐

①豆腐 100ｇとピータン 1 コは食べやすい大きさに切って盛りつける。
②ざく切りした香菜をのせ、酢醤油（酢・しょうゆ各小さじ 1）をかける。

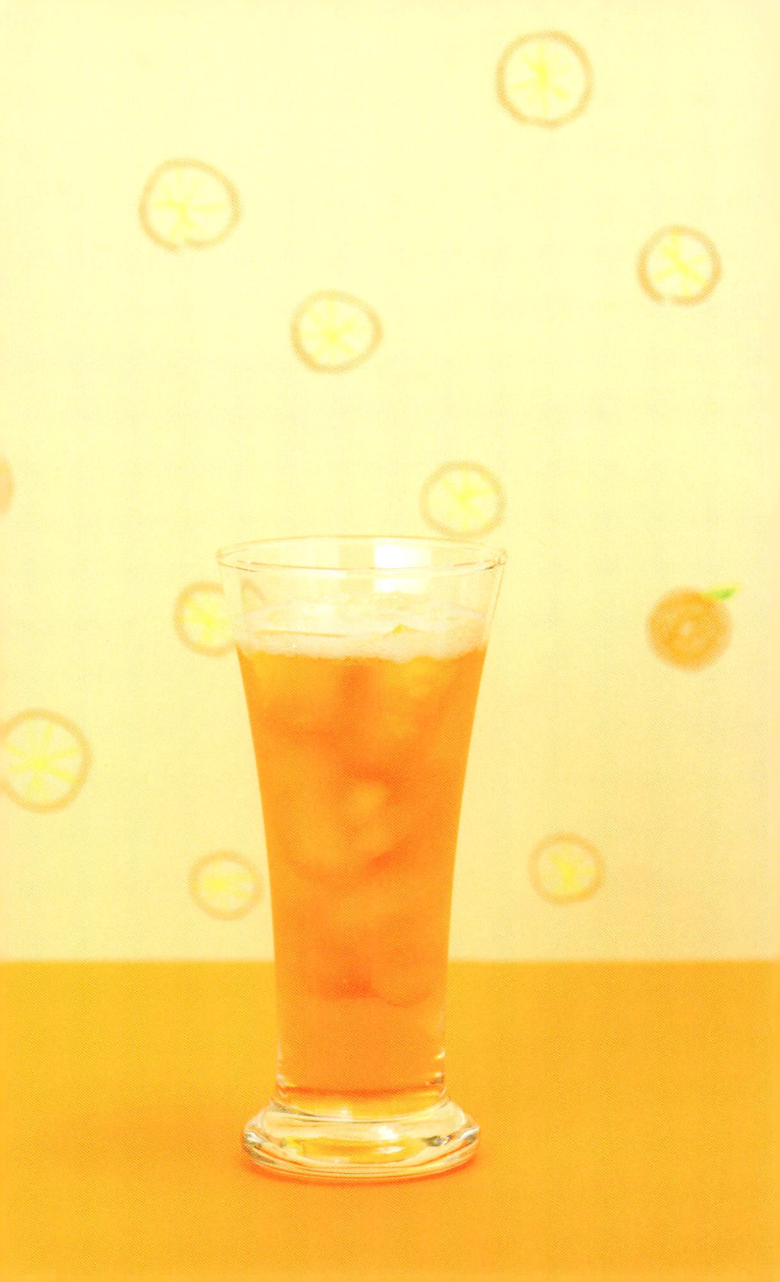

キリンビール社員のおすすめカクテル

オレンジシャーベット・フリー

キリンフリーにシャーベット。
キリン社員の遊び心から生まれました。

材料

キリンフリー …1グラス分
オレンジシャーベット
　…適量

作り方

オレンジシャーベットを粗くくだいてグラスに入れ、キリンフリーを注ぐ。

dish to go with

あんずチーズディップ

①クリームチーズ100gは600Wの電子レンジで30秒〜1分ほど加熱し、やわらかくなったらよく混ぜる。
②①にあんずジャム大さじ5〜6、生クリーム大さじ2を加え混ぜる。お好みで冷やし、ビスケットにつけながら食べる。

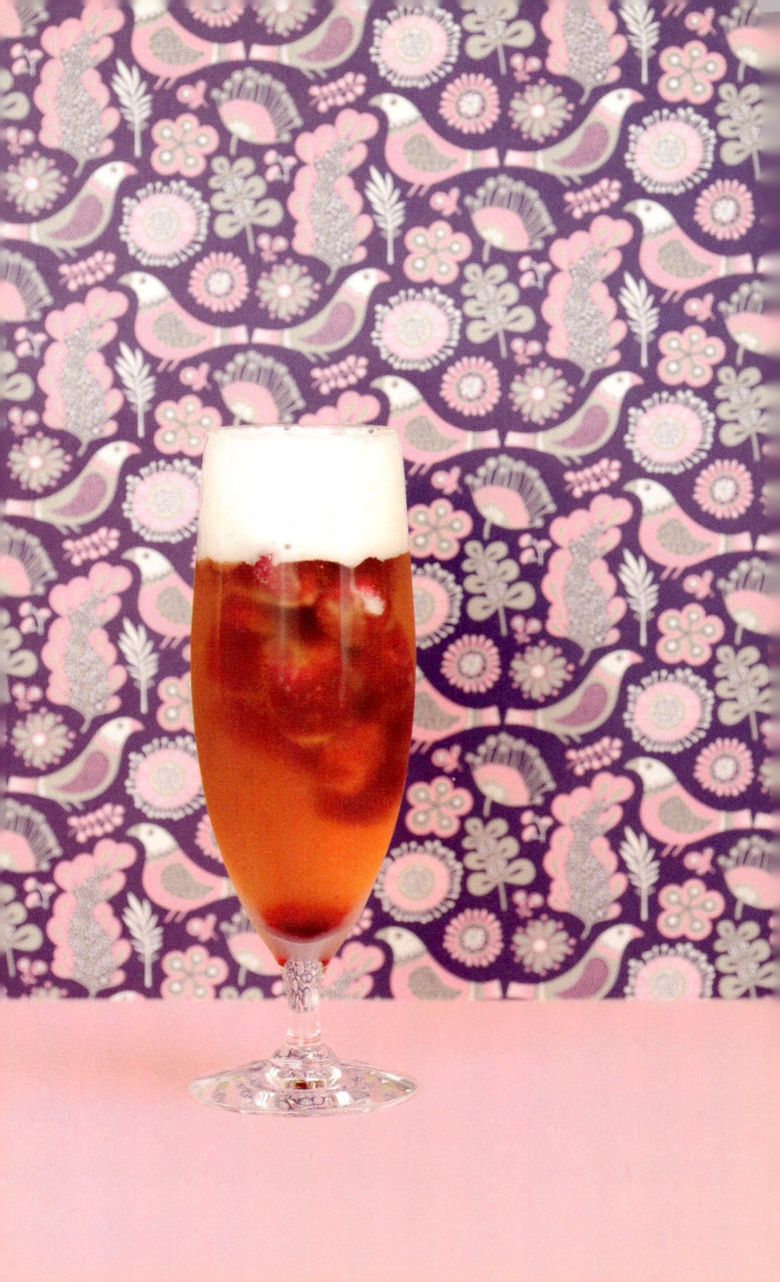

キリンビール社員の**おすすめ**カクテル

グレープシャーベット・フリー

紫と琥珀色。見た目にも美しいカクテルです。

材料

キリンフリー …1グラス分
グレープシャーベット
　…適量

作り方

グレープシャーベットを粗くくだいてグラスに入れ、キリンフリーを注ぐ。

dish to go with

ささみのハム風

①鶏ささみ2本は多めの塩をまぶして30分ほどおく。
②湯を沸かしてささみを入れ、ごく弱火にして15分ゆでる。火からはずし、ゆで汁につけたまま冷ます。保存するときもゆで汁につけたままにする。
③ささみを薄切りにし、マヨネーズをつけて食べる。

キリンビール社員のおすすめカクテル

アップルシャーベット・フリー

シャーベットがキリンフリーにだんだん溶けていく、その味の変化も楽しんでください。

材料

キリンフリー …1 グラス分
アップルシャーベット
　…適量

作り方

アップルシャーベットを粗くくだいてグラスに入れ、キリンフリーを注ぐ。

dish to go with

あさりの蒸し焼き

①フライパンにオリーブ油大さじ1/2、にんにくの薄切り2〜3枚を入れて弱火にかける。
②香りが立ったら中火にし、あさり100ｇ、パプリカ1/2コの細切り、白ワイン少々を加えてフタをする。あさりの口が開いたら軽く塩こしょうをする。

[監修者紹介]

小森谷 弘（こもりや ひろし）

ホテルニューオータニ チーフバーテンダー。バーカプリ 支配人。2000年より、一般社団法人日本ホテルバーメンズ協会「HBA」の理事を務める。07年、東京都優秀技能者「東京マイスター」知事賞に認定される。
カクテルコミュニケーションソサエティ アーティストオブアーティツ総合優勝など、国内外のカクテルコンペティションでの受賞歴多数。

ホテルニューオータニ「バーカプリ」

画家ポール・アイズピリが、このバーのために描いた7点の連作絵画「カプリ島シリーズ」を鑑賞しながら、オリジナルカクテルとピアノの調べを楽しむことができる。

住所：東京都千代田区紀尾井町4-1
　　　ザ・メイン　ロビィ階
TEL：03-3238-0035

[料理担当者紹介]

ダンノマリコ

フードスタイリスト。フリーランスのフードコーディネーターのもとでアシスタントを6年間務め、2000年に独立。著書に『はちみつ味噌のレシピ』（中央公論新社）などがある。

[協力]

キリンビール株式会社
ホテルニューオータニ

[スタッフ]

本文デザイン——青木佐和子
撮　　影————小野岳也
スタイリング——ダンノマリコ

人生の活動源として

いま要求される新しい気運は、最も現実的な生々しい時代に吐息する大衆の活力と活動源である。

文明はすべてを合理化し、自主的精神はますます衰退に瀕し、自由は奪われようとしている今日、プレイブックスに課せられた役割と必要は広く新鮮な願いとなろう。

いわゆる知識人にもとめる書物は数多く窺うまでもない。

本刊行は、在来の観念類型を打破し、謂わば現代生活の機能に即する潤滑油として、逞しい生命を吹込もうとするものである。

われわれの現状は、埃りと騒音に紛れ、雑踏に苛まれ、あくせく追われる仕事に、日々の不安は健全な精神生活を妨げる圧迫感となり、まさに現実はストレス症状を呈している。

プレイブックスは、それらすべてのうっ積を吹きとばし、自由闊達な活動力を培養し、勇気と自信を生みだす最も楽しいシリーズたらんことを、われわれは鋭意貫かんとするものである。

――創始者のことば―― 小澤和一

キリンフリーでつくる
ノンアル・カクテル

青春新書
PLAYBOOKS

2013年7月1日　第1刷

監　修　　小森谷　　弘
　　　　　（こ　もり　や）　（ひろし）
協　力　　キリンビール株式会社
発行者　　小澤源太郎

責任編集　株式会社プライム涌光

電話　編集部　03(3203)2850

発行所　東京都新宿区　　株式　青春出版社
　　　　若松町12番1号　会社
　　　　〒162-0056

電話　営業部　03(3207)1916　　振替番号　00190-7-98602

印刷・大日本印刷　　製本・フォーネット社
ISBN978-4-413-01992-7
©Hiroshi Komoriya 2013 Printed in Japan

本書の内容の一部あるいは全部を無断で複写(コピー)することは
著作権法上認められている場合を除き、禁じられています。

万一、落丁、乱丁がありました節は、お取りかえします。

ホームページのご案内

青春出版社ホームページ

読んで役に立つ書籍・雑誌の情報が満載！
オンラインで
書籍の検索と購入ができます

青春出版社の新刊本と話題の既刊本を
表紙画像つきで紹介。
ジャンル、書名、著者名、フリーワードだけでなく、
新聞広告、書評などからも検索できます。
また、"でる単"でおなじみの学習参考書から、
雑誌「BIG tomorrow」「増刊」の
最新号とバックナンバー、
ビデオ、カセットまで、すべて紹介。
オンライン・ショッピングで、
24時間いつでも簡単に購入できます。

http://www.seishun.co.jp/